MARUYAMA MIWA

下野猟師伝

SHIMOTSUKE RYOSHI DEN

ZUISOUSHA

朝もやのヨシ原で夜明けを待つ。銃猟は、日の出から日の入りの間のみ許されている

春先に足尾から奥日光に渡ってきたシカ。千手ヶ原にて

仲間とシカの通り道を予測し、持ち場を決める

くくりわなにかかったイノシシ

散弾銃に弾を込める

村田銃でヤマドリを仕留めた

禁猟区にキジを放鳥しているところ。年代不明(「栃木県林政史」より)

ノウサギ猟。この地域はササなどが密生し、見通しが利かないため、ウサギ狩りは木に登って射止めていた。昭和 25 年 12 月、那須町大沢地内(「栃木県林政史」より)

鳥屋(とや)。河川敷に仮設の小屋を建て、そこに身を潜めてカモをねらう。横に仕留めたカモがぶら下がっている

巻き狩り後のひとときを。獲物の配分をじゃんけんで決めた直後。平成19年日光市霧降にて

獲物は余すことなく使うからこそ供養できる。イノシシの胆汁、クマの脂などは自家製常備薬にしている。手前はイノシシの胆のうで、干してハサミなどで砕いて使う。胃もたれによく効く。本章32ページ須藤さん自宅にて

下《しも》野《つけ》猟《りょう》師《し》伝《でん》

聞き書き　猟師たちの物語

丸山 美和

下野猟師伝発刊によせて

一般社団法人栃木県猟友会会長
日向野　義幸

栃木県猟友会は、お陰様で昭和22年の創立から令和4年で75年を迎えます。その間、会員数は増加から減少へと大きな流れがありました。ピークが昭和53年度となりますが、ちょうど狩猟法の大幅な改正があったためで、その年に狩猟免許を受けた者は経験者とみなすという特例により、いわゆるにわか猟師が増えたことによるもので、現にその後、減少の一途をたどることになりました。理由は、ゴルフ場の増加に影響を受け、また、趣味の多様化によることと思われます。

狩猟のスタイルも、昭和の時代まではカモ猟や猟犬を連れてキジ等の鳥猟を行うのが主流でしたが、シカの増加により山地での巻狩り猟が多くなってきました。また、イノシシ猟は地域的に行われていましたが、県南西部での爆発的な増加により、栃木県内の狩猟にも大きな影響を与えることとなりました。

平成に入ってからは、シカやイノシシの農林業被害の増加が問題化しました。平成20年に鳥獣被害防止特措法が施行され、捕獲奨励金などの対策費も拡充し、現在は趣味としての狩猟と有害鳥獣捕獲の二つの流れができつつあります。

しかし、たとえ狩猟の形がどのように変わるとしても、我々狩猟者は、狩猟の文化を次世代に伝えて継続させていく責務があると考えていますし、その価値があると信じています。そして、趣味としての狩猟と、有害鳥捕獲の双方を、今後も共存させていかなければなりません。

本企画による、古い時代の狩猟を知る「最後の猟師たち」が県内各地の語り部となって狩猟の実態を伝え残し、後世につなげることは、大変有意義なことと考えております。狩猟の原点に立ち戻り、もう一度考え直すことができればありがたいことです。

取材と執筆をいただいた丸山美和さんと、企画していただいた丸山哲也さん、出版の労を取ってくださった有限会社随想舎および関係者のみなさまに感謝申しあげる次第です。ありがとうございました。

下野猟師伝発刊によせて

栃木県立博物館学芸部長補佐兼人文課長
篠﨑 茂雄

狩猟で生計を立てている人を猟師という。今日の日本において、純粋な意味での猟師は皆無に等しいが、つい最近まで全国に存在し、縄文時代以前から続く狩猟文化を継承していた。

ところで、帝釈山地、足尾山地、八溝山地と三方を山で囲まれた栃木県は、日本のなかでも狩猟文化が色濃く残る地域の一つである。なかでも日光や那須など、寒冷で、傾斜地のために農業が振るわない山間部では、クマ、シカ、ウサギ、テン、ヤマドリなどを捕らえることで命を繋いでいた。そのためには、獲物の習性を熟知した上で、猟にのぞまなければならない。

本書は、狩猟に対する各人の想いをとりまとめたものである。なかでも過疎化や少子高齢化によって、親から子、そして集落の仲間内で伝えられてきた山間部の伝統的な狩猟習俗は、急速に失われつつあるが、一般社団法人栃木県猟友会の協力と丸山美和、哲也両氏による聞き取り調査から貴重な情報を記録することができた。

本書が人々の暮らしを支えてきた狩猟文化に対し理解と関心を深め、これからの時代を生きる上での手がかりになることを期待している。

まえがき

企画者　丸山 哲也

有害鳥獣の捕獲に対する社会的要請が高まっている。シカやイノシシなどの個体数が増加し、農林業被害は依然として高い水準で推移しているほか、サルやクマなど山に住んでいると思われていた動物が市街地に出没し、人身被害が懸念される事態も頻発している。これに対し国は、法改正や補助金の充実により、有害鳥獣捕獲を推進している。また、情報通信技術を活用した省力的な捕獲手法も実用化されてきている。

捕獲の担い手は狩猟者である。狩猟免許を取得し、狩猟者登録をすることにより、はじめて狩猟ができる。さらに、銃については所持許可も必要である。近年は、被害対策を目的として狩猟免許を取得する人が増えてきているが、本来、狩猟は楽しむためのもの、あるいは肉や革などの資源獲得のためのものであった。

狩猟者の高齢化が叫ばれて、久しい。現在の狩猟者は、60歳以上の人が全体の6割近くを占めており、10年後、20年後には、本来の狩猟を行ってきた人たちがどれだけ残っているのだろう。時代の転換点にある今、ベテランの方たちの狩猟に対する考え、狩猟のやり方について話をお聞きし、記録として残しておくことは、古きを知り、新しきを生み出すうえで重要であると考え、本書を企画した。

単なる狩猟の記録としてだけでなく、各人の生活や考え方に狩猟がどう関わってきたのか、といった視点も併せて読んでいただければ幸いである。

令和3年11月　猟期を前にして

※狩猟に関する法律や制度は年々変化しているため、本書に記載されている内容が現在では法律違反とされることもあります。狩猟を行う際は、最新の情報に基づいてください。
※獣肉を生で食べる記載がありますが、現在は衛生上の理由により、加熱調理が推奨されています。

下野猟師伝　聞き書き　猟師たちの物語

目次

三章　狩猟譚異聞

四章　鳥猟の世界

一章　くらしのなかの狩猟

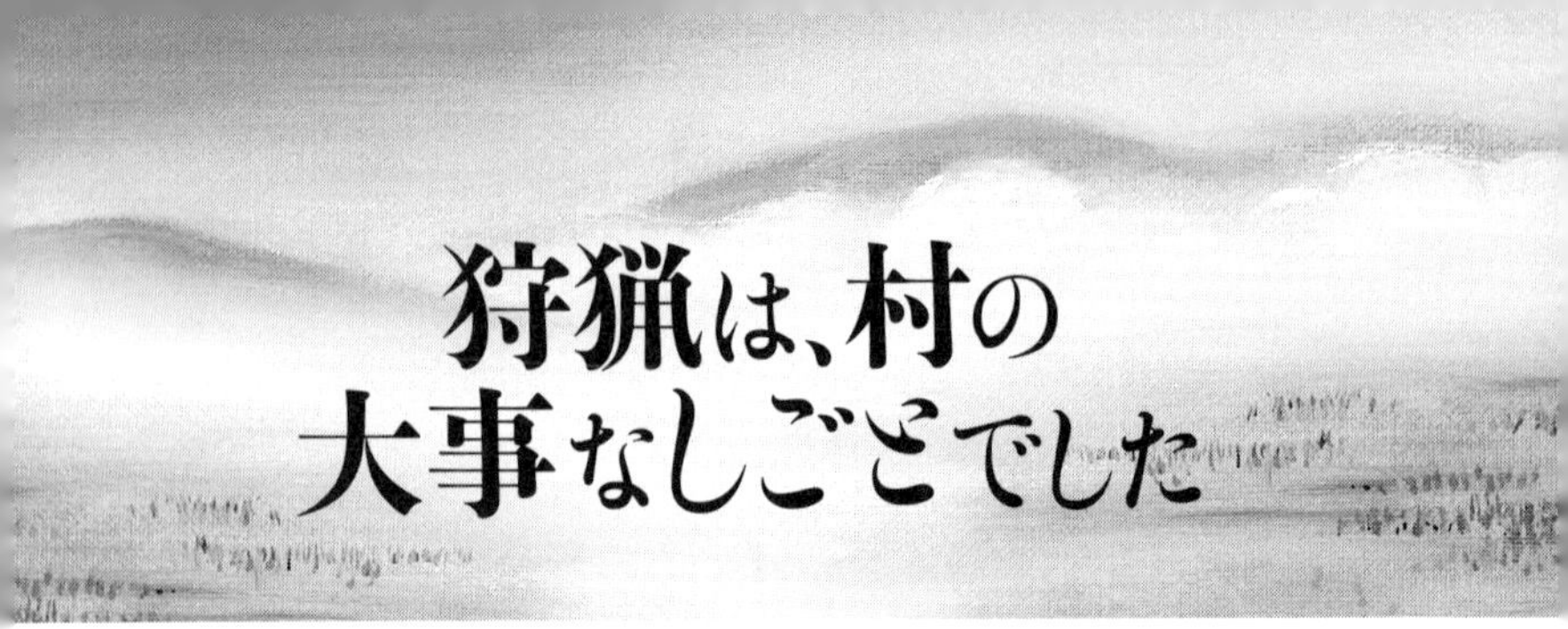

狩猟は、村の大事なしごとでした

小松さんが暮らす日光市川俣地区は、平安時代末期に平家落人が源氏の追討を逃れ、たどり着いた土地としていまに伝わる。両岸が絶壁に囲まれた瀬戸合峡《せとあいきょう》は天然の要塞だが、寒村である。人々は土

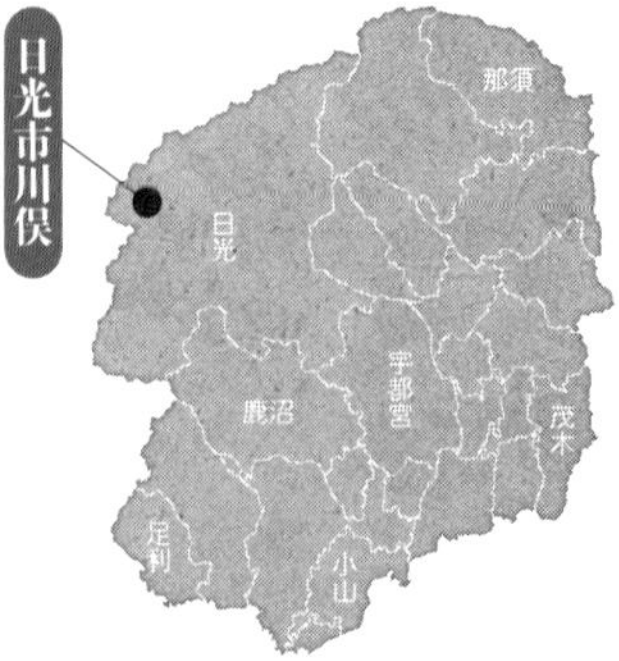

日光市川俣在住

小松《こまつ》　惠一《よしいち》 さん

昭和15年（1940）11月22日生まれ

元国土交通省関東地方整備局鬼怒川ダム統合管理事務所職員。

平成29年（2017）12月24日取材
顔写真は令和3年（2021）9月4日撮影

地を開き、集落全体で力を合わせ、何世紀にもわたって営みを続けてきた。

ところが、昭和33年にダム建設予定地として川俣が選ばれ、その3年後には33戸の住民が移転を余儀なくされ、村全体が水没した。

それから60年の歳月が流れた。あらたなくらしの中にもなお、人々の結びつきと狩猟は続いている。

村は生活共同体だった

誕生日は11月22日。誕生日の次の日が祝日（勤労感謝の日）で休みなものだから、毎年飲み過ぎているよ（笑い）。

ここは、自給自足のむらとして、村人たちが力を合わせながら暮らしてきました。「陸の孤島」と呼ばれているとおり、現代ですら交通の便はとても悪く、秘境と呼ばれているほどです。

湖底に没した川俣の集落(「川俣湖二十年のあゆみ」より)

この山奥では、田んぼなんか一つもありません。歩いて2時間もかかるところまで畑を開き、そこで作物を作っていました。アワ、ヒエ、ムギ、ソバ、ダイコン、ジャガイモ、サトイモ。落花生なんかも作りました。あとは葉物野菜と豆類ね。コメはとれなかったが、水はけがよい地質だからいろんなものがとれたよ。とにかく寒冷地の条件の中で、効率よく作っていたね。

コメを手に入れるのも各自ではなく、集落に暮らす全員の仕事。当番が毎年回ってきて、仕入れられるだけのコメを仕入れに、今市まで出かけていきました。片道8時間もかけて、歩きで行って帰ってきたんだよ。

道は車道なんかありません。国有林の伐採によって木材搬出のための林道が開発され、昭和26年にはやっと、川俣までオート三輪が走れるようになりました。車が利用できるまでの間は、馬と人力で荷物を運んでいました。

今市あたりで、初めて電車が走っていたのを見たとき、誰も電車なんか見たことがなかったから、「家が走ってた！」なんてびっくりしている人もいたな（笑い）。

川俣の民は山や川の恵みで生かされてきた

川俣には、ここだけで大切に守り続けてきた独特の祭礼があります。たとえば旧暦の二十三日は三夜様といって、この日を「コト日」（祭りや神事にかかる行事をおこなう日のことで、「事日」とも表記する）と定めて五穀豊穣を願って行われる、村独自の祭礼のひとつですね。祭礼はすべて、村のくらしと密接につながっています。

1月20日、21日に執り行われる山神祭《さんじんさい》と元服式は一大祭礼です。特に元服式は国の重要無形民俗文化財に指定されています。祭りの前日には公民館の床の間に山の神と伊勢神宮の掛け軸、塩引きのシャケを二尾とおからこ（生米を石臼で突いて粉にしたものに水を加え、固まりにしたもの）を飾ります。そして「夕日拝み」といって、日が沈むころ、男性のみが一人ひとり、翌日の山神祭から一年間の山の安全を祈願します。

わたしたち川俣の住民はみな、山や川の恵みで生かされてきました。ですから自然への畏敬の念を当然のものとして持ちながら生活を営んでいます。とりわけ山神祭は山の神に祈りを捧げて天変地異の怒りを鎮め、大自然の恵みを与えてもらうための儀式で、とても大切にしています。

川俣の祭礼は住民が全員で執り行うことが特徴です。全員参加は集落の結束を強め、生活共同体である認識を深める役割にもなっています。

ただし、生理中の妻がいる男性は神社に行けませんし、行事に参加してはいけません。神事の関係から由来するのでしょうか、くわしいことはわからないのですが、川俣では、不幸を表す黒より、月経の血の色として赤い色を嫌います。

山の神に山仕事や狩猟の安全を願う（篠﨑茂雄さん提供）

山神祭と元服式で執り行われる恵比寿大黒舞。山の幸、里の幸の豊作と新成人の幸福を願う（篠﨑茂雄さん提供）

昭和 43 年、小松さんがヤマドリを獲った。首にぶら下げているのはカモシカの毛皮で作った手袋。「乾いているとごわごわしているんですが、雪で湿ってくると柔らかくなって使いやすかったんですよ」（小松さん）

脂の厚みが20センチ

川俣ではむかしから、狩猟が糧を得る柱のひとつでした。男たちの大切な仕事として、鉄砲は父親、くくりわなは祖父に教わりました。くくりわなは、ヤマドリとウサギを獲りました。また、トラバサミと呼ぶわなもあり、それも使っていました。動物が通ると脚が挟まる仕組みです。これでウサギやヤマドリ、テン、タヌキなどを獲りました。ウソといって、中を動物が通ると重しが落ちるように仕組んだわな（いわゆる「箱おとし」のこと）もあった。ウソの呼び方は地域によって変わり、ここでは「オソ」「オシ」などとも呼ばれています。

そのオソをいっぱい置いておく場所は「オソ場」と呼んでいて、シカ狩りをするときなどに「オソ場に行って」などと呼びかけ合います。

クマは秋の彼岸過ぎから雪が降り始める間にドングリをたくさん食べ、冬眠に向けて脂肪をたっぷり蓄えていきます。一週間に5分《ぶ》（約2センチ）のペースで脂をつけていく。よく太ったクマの身体には、脂の厚みが20センチもできることもある。特におしりのあ

かなカンジキ。アイスバーンの上を歩く

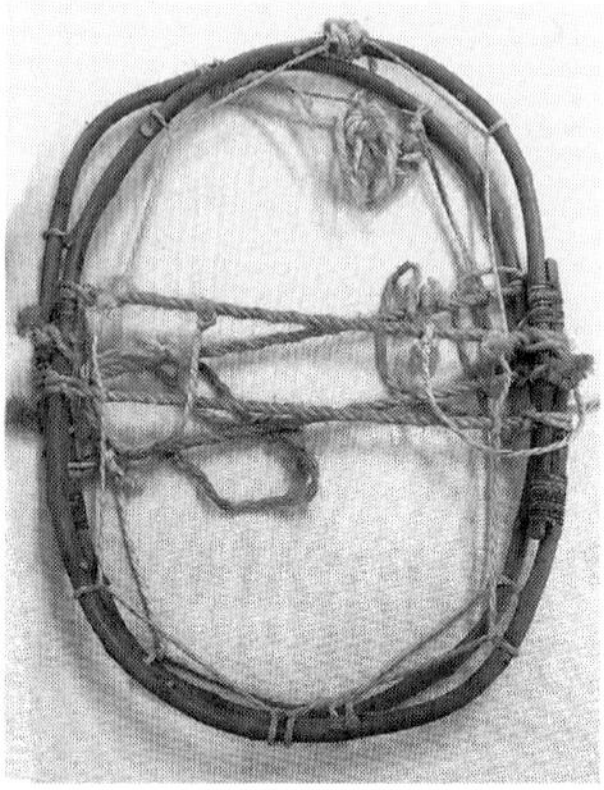

輪カンジキ（つるカンジキ）。踏み固められていない雪の上を歩く

たりね。

クマはなかなか獲れることがなくて獲れるとみんなで分けて食べた。胆はいまでも貴重なもので、完全に干しあげて保存します。打ち身などのけがはもちろん、マムシに噛まれたときなどに、お湯で溶かして布に含ませ、それを患部に当てて治したものです。体調が悪いときにも使います。二日酔いには特効薬です。

土間と居間の間に鉄砲を置いていた

わたしが初めて鉄砲を実際に撃ったのは、中学1年くらいだったかな。中学3年生のころには、ひと晩でバンドリ（ムササビのこと）を8羽撃ったことがある。夜に友だちと2人で山へ出かけ

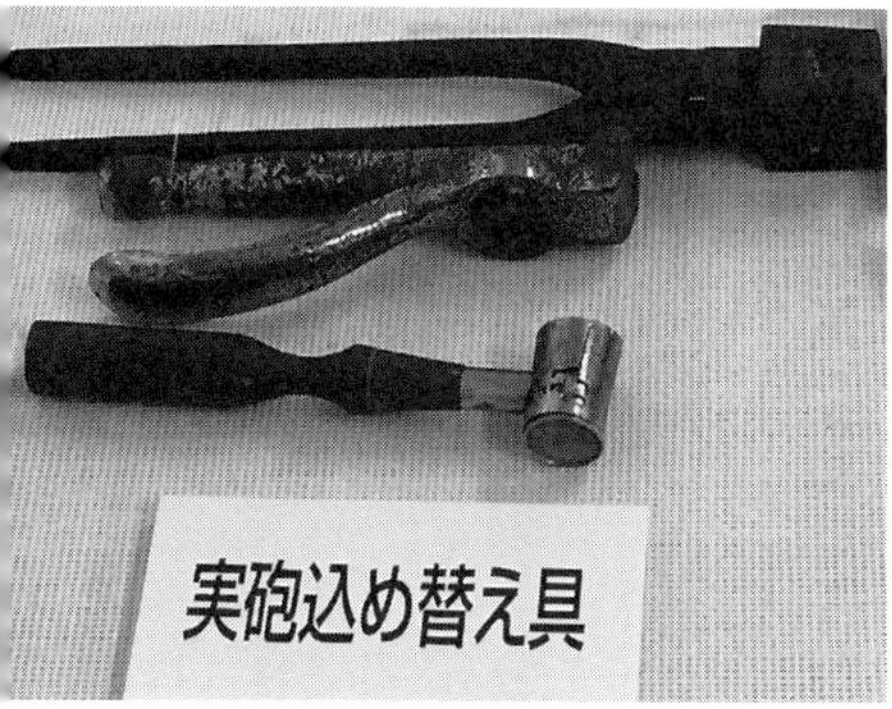

弾を作る道具。当時は自宅で鉛を溶かし、弾を自作していた

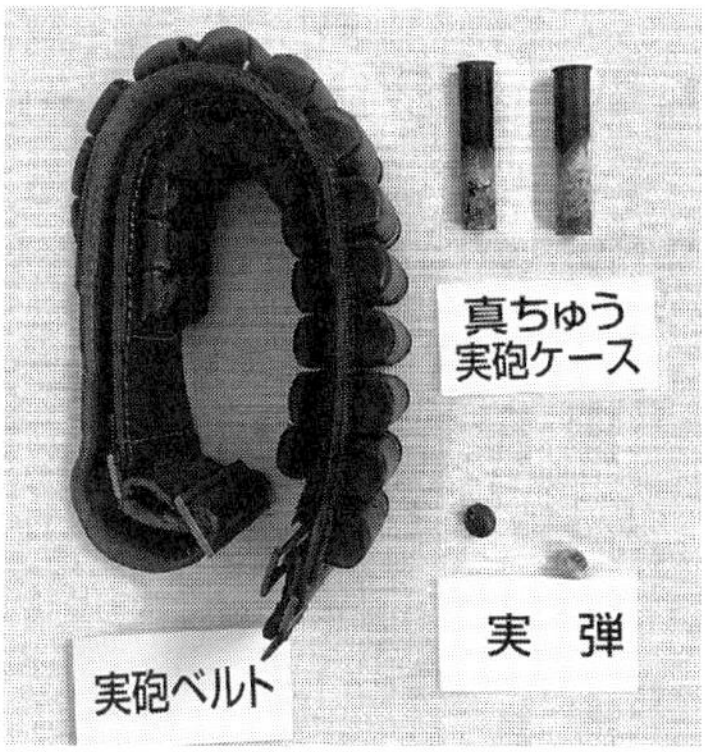

当時の実砲ベルトと薬莢、弾

ていったんだよ。そのころはちょうど林道ができたばかりで、野門《のかど》への往復の道中で片道4羽ずつ、合計8羽ね。

けれどもそのころはまだ子どもだったし、父親も心配だから「鉄砲なんか持って!」と怒るわけ。でも怒られるのを覚悟して、昼間のうちに鉄砲と玉を外に出しておいて、夜に撃ちに出ていったんです。ところが家に帰ってきたら怒られなくて、「よくやった」って褒められたのを覚えているね。それはきっと、8羽も獲ってきたからだろうな。当時の大人でもひと晩に2羽も獲れるか獲れないかだったんだから。もしも全然獲れなかったら、ひどく怒られたんだろうな（笑い）。

むかしは、シカなんか出たらすぐにぶちに行けるようにと、土間と居間の間に掛け鈎をつけて鉄砲を置いていた。いまでは考えられないよね。

現金収入に一役買った毛皮

バンドリっていうのは、おいしいんですよ。肉食じゃなくて木の実を食べているから、臭みがないんだよね。肉質は柔らかく、鶏肉みたいな感じ。焼いて食べることが多かったです。脂も食用に使っていましたよ。フライパンで一度溶かして、冷ますと固まって保存できます。骨の部分はよく煮込んで食べました。睾丸がまたおいしいんですよ。

皮も貴重で現金収入になった。

動物の皮は高く売れました。いったん燻してから、干して乾燥させておきます。するとひと月に

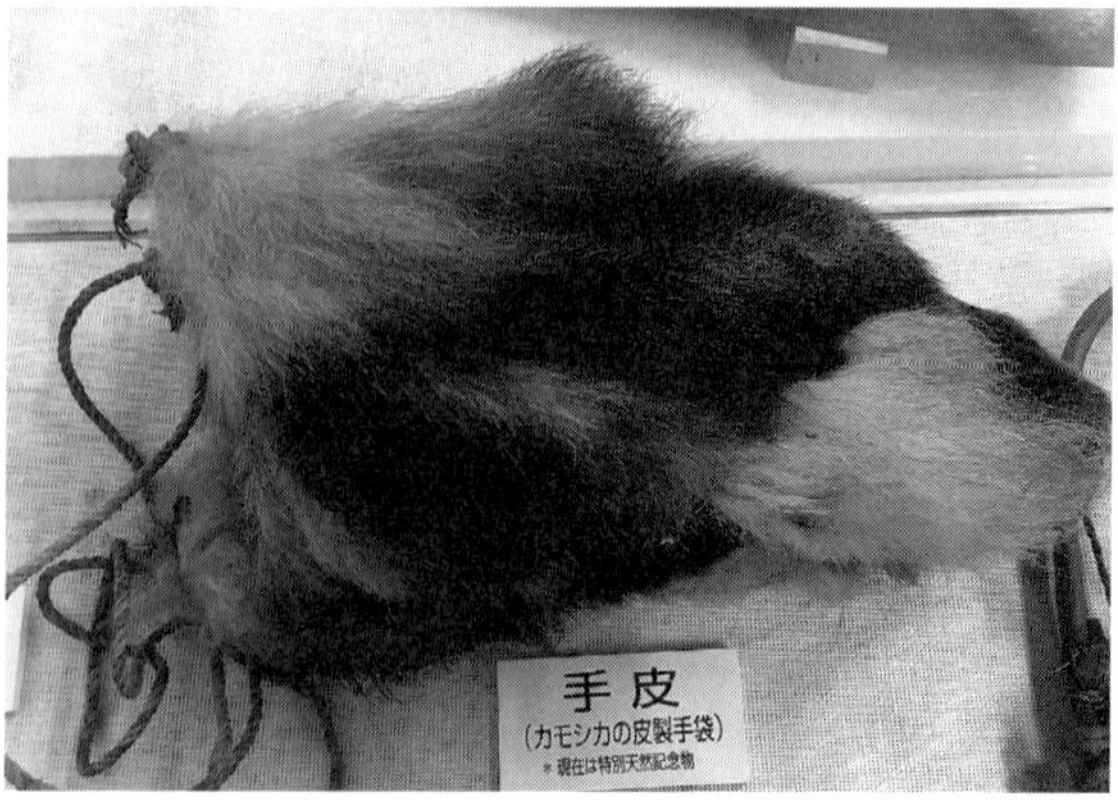

カモシカの脚部分の毛皮で作った手袋。川俣ダム管理事務所で撮影

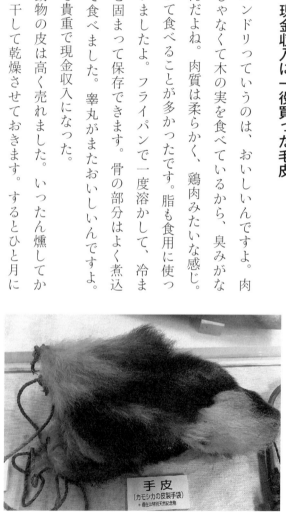

一度、日光から「山岡毛皮店」が買い付けに来て、皮を売るんです。わたしが30歳のころはテンの皮が1枚1万円。ほとんどが襟巻き用でした。40歳代に入るまでは皮は高値で売れた。でもその後は売れなくなっていった。人工の繊維が市場に出てきたからです……。

そのころのバンドリの皮は、1枚800円だったね。何枚か縫い合わせてチョッキなんかを作ったり、上着の裏地にしたり。あとは襟巻きにもしたかな。バンドリは毛が抜けやすい。特に季節が早いうちに獲れた皮の毛はいわゆる夏毛で、皮の裏側が青いことから「青《あお》っ皮《か》」と呼んでいたよ。

語り継がれる猟果

複数の猟師で行う猟のことを「巻き狩り」といいます。動物を追いかける「勢子《せこ》」と「タツ」(射手のこと)に分かれて、山を取り囲み、シカを捕まえます。

いまはシカがたくさん獲れますが、むかしはあまり獲れなかったようです。こんな話を聞いたことがあります。

村人20人くらいで1カ月ほど狩りをしていたときのことです。昼食用に正月餅をしょうゆ味で焼き、固くならないように腰に巻き付けて毎日出かけていたそうです。ところが、餅は全部食べつくしてしまったのに、獲れたのは小さなカモシカ一頭きりだったとか。仲間たちのあいだでは、このような猟果は語り継がれますね（笑い）。

ちょうどきのうも、巻き狩りに8人で行ってきました。シカが3頭捕れましたよ。

カモシカ

産後の女性にはシカ肉とクマの胆

むかしから、シカの肉質は最高だと知られていました。特に鉄分が牛レバーより含まれていて、生理不順や産後の女性にはとてもよく、「血の道」と呼ばれていました。産後の女性は、具

巻き狩り。村田銃で獲物を狙う小松さん

のないみそ汁とおかゆ以外の食物は与えていけないことになっていたのですが、シカ肉は与えていました。産後の回復が早く、おっぱいもよく出るようになるからです。シカ肉は、どこの家もお産に備えて持っていたものです。むかしは詳しい成分などわからないはずなのに、当時の人はちゃんと知っていたんです。すごいですよね。

逆に、カモシカの肉は「血を荒らす」といわれていて、産後の女性には食べさせませんでした。

あと、クマの脂は刺身にすると最高ですよ。歯で噛みちぎらなくても、自然にとろけっちゃう。臭みもないしね。やけどの塗り薬としても保存しておきます。ひっかき傷も、これを塗っておけば、化膿しません。殺菌能力が高いんじゃないかなあ。

クマとの大格闘

クマに飛び掛かられたことが、これまでに3回ありました。

まず1回目。クマが冬眠する前に4、5人で行って、雪の上に残っている足跡を追っかけていった。やがて日が暮れてきたので、「帰ろう」ということになったんだけど、そのとき、絶壁にクマの穴らしいものを見つけたんです。それを覗き込んだ瞬間、2メートルくらいの巨大なクマが唸り声を出しながら飛び出してきた。とっさに逃げて、絶壁のシャクナゲに必死で飛びついた。で、大きな声を出したら、みんなは「やられた」と思って、近寄ってきたんです。そのとき持っていたのが村田銃だったから、まだ昭和40年代だったかなあ。

それから10年くらいして、ひとりで山に入りました。日付も覚えています。その日は12月28日で御用納めでした。お神酒を飲んでから行きました。で、「この穴に入ってるな」と思い、確かめようとしたときに、地面が凍っていたため、穴のそばに滑り落ちた。そしたら目の前に「ガオー」と現れた。

間一髪。クマの体に押し付けるように撃った。外したら終わりだった。150キロの大クマでした。

最後にやられたのは、川俣の飲食店のご主人と義理の弟の3人で行ったときです。そ

新緑の時期に現れた立派なツキノワグマ。日光市で撮影（稲垣亜希乃さん提供）

の日は平日だったんだけど、わたしは狩猟が好きだから、休暇を取っちゃった。理由は風邪だったかな、「休みまーす」って（笑い）。

さて、クマの足跡を見つけて追跡していたんだけど、吹雪のためにわからなくなりました。3人で手分けして探しても見つからない。

いったん、3人で別れた地点に戻った瞬間だった。「うわおー」と叫びながら、雪の下の穴からクマが飛び出してきて、わたしに飛びかかってきた。

「これはまずい、本当にやられてしまう」と思った。まず声が違った。甲高い声を上げて、追いかけてくる。後ずさりをしながら逃げつつ、銃を構えようとした、そのとき。

斜面からヤマブドウのつるが飛び出ていて、そこに足が引っかかって、あおむけに転んだら、そこにクマがのしかかってきた。

もうダメだと思ったその瞬間。

義理の弟がぶった。弾は命中して、クマはななめにずれた。その隙にわたしは「このやろう」と、声を出しながらぶった。弾は6発入れていたが、6発全部ぶった。

その間、臆病な仲間のひとりは、「逃げるが勝ちで」遠くから一部始終を眺めていたんだよ（笑い）。

そのときのクマは、はく製にして、現在は「こまゆみの里」に展示してあります。

「（クマに襲われているとき）後ろを振り返ったら、いるはずの仲間がいないんだよ」

食って、供養するんだ

80歳を過ぎてなお、現役の狩猟者として活躍中。「だけど、もともと脚力があったわけじゃないんだよ」と笑う。

「だって、小学校のときは、運動会の徒競走でいつもびりだったん

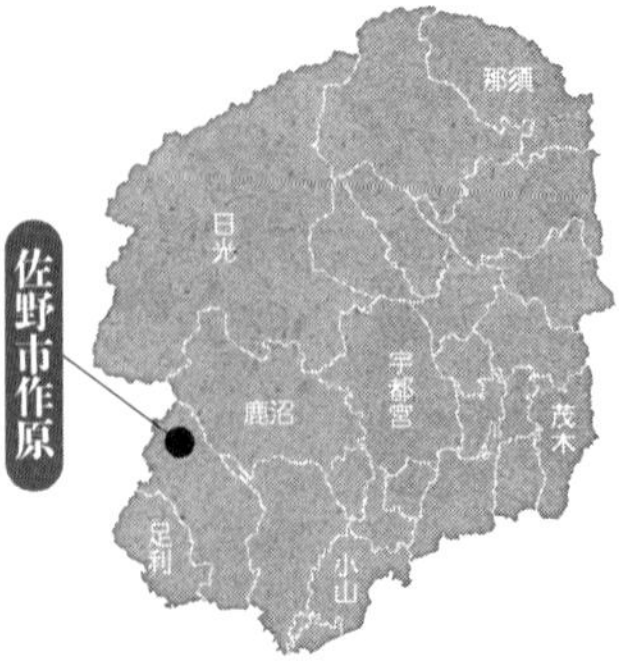

佐野市作原在住

須《す》藤《とう》 一《かず》 さん

昭和11年（1936）6月9日生まれ

山で下草刈りや伐採の仕事をしながら、猟犬を連れ、鉄砲を担いで駆け巡った。毛虫だけが苦手。

平成29年（2017）4月22日取材
（須藤さんは令和2年（2020）6月9日に亡くなりました）

だから。ところが50歳で50メートル走をやったら、7秒を切ったの。6秒9！　山歩きをやっているうちに、自然と鍛えられたんだね」

親父も鉄砲撃ちだった

むかしはこのあたりを作原村といい、その後田沼町になり、現在は佐野市に合併しました。先祖代々、この土地に住んでいます。おれで六代目。ここで生まれ、ここで育ちました。初代は江戸時代にさかのぼります。材木を切る作業をしていたと聞いています。

親父は明治9年生まれで、名前を敏太郎といいます。五人目の子どもでしたが、家の跡を継いだのには、いきさつがあります。親父が9歳のとき、後継ぎだった親父のお兄さんが、家を売って出て行ってしまったんです。その当時は親父の姉貴も、親や親戚たちも一緒にいました。それからの家族は大変な時代を過ごしたと聞いています。大正時代には流行性感冒が大流行し、この一帯も感染が広がりました。父の家も一日で2人も死んだそうです。（亡くなったのは）わたしの祖父と伯父でした。人々は感染を恐れ、あらゆるものを消毒しながら使ったそうです。銭貨すら、火鉢で温めて消毒して使っていたそうです。

その後、長男の人が売ってしまった家督は、親父が買い戻して、跡を継ぎました。

親父は96歳まで生きました。90歳になるまで鉄砲を撃っていたの。すごいでしょう。補聴器をつけて鉄砲撃ちをやっていたんですよ。その後補聴器をつけても獣がどっちから来るのかわからなくなったので、鉄砲をやめました。

じつは、おれも右耳に補聴器をつけているんです。自分の後ろにシカがいるとき、シカの足音が聞こえてくるようにね。

父が獲った獣の皮剥ぎを手伝っていた

小さいころから親父の猟の手伝いをしていました。戦後まもないころ、小学校高学年のときには、親父が獲ってきたタヌキやウサギの皮を剥ぎました。剥いだ皮は、田沼の戸奈良《となら》にいた商売人に買ってもらっていました。リスやタヌキ、テンは襟巻き用です。昭和23年から25年当時の買い取り価格で、タヌキは８００円と高価でした。リスが

父、敏太郎さんも猟師だった。写真は昭和 30 年ごろ

須藤さんがなめした毛皮の加工品

100円、ウサギは40円くらいだったな。

昭和26年に中学校を出て、炭焼きを始めました。炭焼きは15年間やっていましたが、ガスが普及して炭がいらなくなったため、廃業して勤めに出ました。その後勤めを辞めて、「伐木造材士」という資格を取り、山に入りました。夏は下草を刈り、冬はスギやヒノキの伐採を行うんです。伐採に必要なチェーンソーなどを、今市から来た林業機械屋さんで買いました。当時はこのあたりまで機械を売りに車で巡回していたので、そのときに買いました。機械が故障したら、部品を注文して持ってきてもらい、自分で交換して直して使っていましたが、いまは農機具店に持っていって修理してもらう時代になりました。

猟友会の仲間たちと佐野市彦間で撮影。左端が本人、中央が兄の敬さん。昭和 50 年ごろ

猟犬を連れてクマの穴を探す

鉄砲の免許を取ったのが昭和42年で、そのときに狩猟を始めました。

おれの猟師仲間はみんな、犬引き（犬と一緒に猟に出て、犬に獲物を追わせること）だったので、うちも犬を連れて山に入って、巻き狩りやシカ狩りをするようになりました。

シカぶちができないときは、クマの穴を探して歩いた。穴の場所は、山をよく知っている年寄りから聞いて探したな。だって、突っ立っているだけじゃ、一日経っても何日経っても、見つかんないでしょうな。一日に20キロも30キロも歩いたよ。犬2頭を、4交代で

須藤さんが飼っていた犬たち。軒先でのんびり

連れ歩いた。

ひとつの穴にクマが一度でも入ったら、それから15年は、ほかのクマは入ってこないんだ。だから、ほかの人が猟でクマを獲った穴を聞いておく。そして10年以上経ってから、その穴へ見にいく。そうやってクマを仕留めたことが、これまでに3〜4回あるよ。最高では年に3回も穴を見つけて獲ったよ。

猟犬は最高で8頭も飼っていました。普段の日は、8頭はそれぞれ縁側で好きなようにくつろいで、過ごしていました。最後の一頭はことしの3月に亡くなりました。

けがの繰り返し

おかげさまで、身体はずっと丈夫だし、内臓はどこも悪くないんだよ。だけどやっぱり、山に入っていると、どうしてもけがが多くなるね。いまでも傷の治りは早いよ。だけど入退院ばっかり。大けがを繰り返してきたよ。

「いま獲っているのはシカ。もう鉄砲を持っていないから、クマは獲れなくなっちゃった。でも、槍を使っていいんなら獲ってくるよ（笑い）」

一度、眼をやられたことがあった。目ん玉を縫ったの。目ん玉のレンズがぶらぶら落ちていて。田沼の市民病院に言ったら、「失明かもしれない」と言われて、獨協医科大学病院を紹介してくれた。病院へは8カ月間通っていた。

ところが、独協医大病院へ通っているう

ちに、今度は網膜剥離を発症しちゃって、二週間入院したよ。

九死に一生を得たこともあったよ。鉄砲を背負って山を歩っていたら、山から谷に落っこちた。鉄砲が木に引っかかったおかげで、おれは偶然にも無傷で助かったけど、銃身が曲がっちゃった。おれは入院しないですんだけど、鉄砲が修理で入院した（笑い）。

70歳を過ぎてからも、けがはしているよ。山に入って間伐した木をきれいに積んだ山の上に乗っかったら、一気に崩れて、自分も一回転して身体をひねっちゃったんだ。そのときに、左のわきが思いっきり曲がってしまった。

医者にかからないで、自分で引っ張って治したけど、筋が切れてしまったんです。だからいまでは左手でお茶碗を持つのも大変だよ。

鉄砲をやめてから10年くらいが経った。いまはわな猟だけ続けている。鉄砲をあきらめた理由は、肩のけがをして、イノシシを撃つときに、鉄砲を持つ腕が支えられなくなったから。

獲物。イノシシのオス 70 キロくらい、シカのメス 70 キロくらい

わな猟で仕留めたシカは、ハンマーで後頭部を止め刺しをする。イノシシの小さいのは唐鍬《とうぐわ》で頭をひっぱたく。そのあと、脳震盪《のうしんとう》を起こして転がっているところを、包丁で刺して、放血させる。心臓をひと突きするのが極意だ。イノシシをおいしく食べるには、このときの血抜きがとても重要なんだよ。

シカ肉をスライスして自家製たれに漬け込んで焼いたもの。柔らかく、くせがない

獲ったものは最後まで食べる

クマの肉は鍋物がうんまいよ。みそで煮て食うの。野菜をたくさん入れると、うまみが存分に味わえるね。脂はやけどやかゆみ止めに使う。ヤマビルに刺されたときにも効くよ。

シカ肉はカツやお刺身、なんでもうまいね。背ロースとモモ肉を1.5～2センチを目安にスライスして使う。役所の人たちなどに、カツを揚げて持っていって食べさせたら、みんなこうして食べるのが初めてだったようで、口々に「うんまい」って。シカ肉のカレーもおいしい。だしをとるなら、肉から入れること。ラーメンのスープのダシにもできるよ。

焼いて食べるときは、たれに漬け込む。うちの場合はね、モモ肉を薄くスライスして、包丁のみねで叩くの。そのあと、みりん、酒、酢、みそでたれを作って、肉を漬け込む。酢を少し入れるのは、すぐに肉が悪くならないように。食べたいときは5分くらい焼けば、すぐに食べられるよ。シカの血は貧血の人にいい。オブラードに包んで飲むんだよ。前立腺肥大にも効く。

ヤマウサギは、カレーにするのががうんまいよ。

イノシシは明治時代のころに豚コレラで鬼怒川からいなくなって、那珂川あたりで生息するようになった。ここ安蘇地区ではまず見かけなかった。その後もしばらくいなかったんだけど、平成に入ってからだね、この付近でも出るようになったのは。

イノシシを仕留めたらまずその場で放血させてから持って帰って、臓物を取り除く。

使い慣れた解体用のナイフ

それから水で冷やして、ぶら下げる。血が全部出きったあと、透明な水が出はじめる。それがリンパ液だ。身体が大きいのは5日から一週間くらいかかる。小さいのは3日間くらい。肉質は、毛皮の色が黒いほどまずい。色が薄くて金色であればあるほど、うまいよ。

狩猟をしない人に肉をあげようとしても、ただのかたまりだと、だれももらわないんだ。みんな、どう食べていいかわからないんだよ。こま切れにしてあげると、もらっていくんだ。

おれの思い。それはね、「獲ったものは最後まで食べること」だよ。

日本人って、もともとは、農耕民族の前は狩猟民族だったでしょう。仕留めた獲物は、食って供養するんだよ。食べられない部分やくず肉だって最後まで使い切る。かまどで一度煮たあと、畑に撒いてかんます（かき混ぜる、の意）。そうしてできた畑で作った野菜は、うんまいんだ。柔らかくて、甘いんだ。

獲れたシカを解体している須藤さん

この春、うれしいことがあった。「けものの解体を教えてほしい」という人が2人やってきたの。で教えてあげた。「覚えられないからまた来る」って言ってたよ。

モモガ猟。あれはおもしろかったなぁ

阿久津寅三郎さん

山口英雄さん

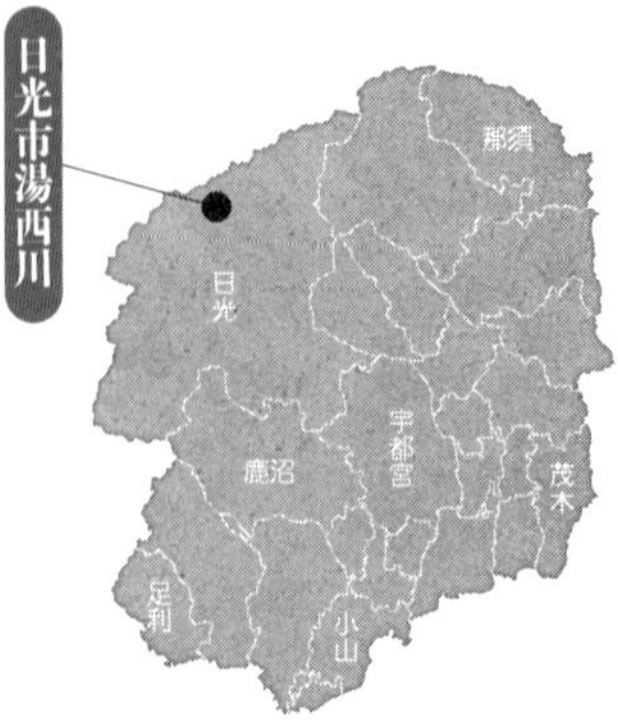

日光市湯西川在住

山《やま》口《ぐち》 英《ひで》雄《お》 さん

昭和11年（1936）2月21日生まれ

阿《あ》久《く》津《つ》 寅《とら》三《さぶ》郎《ろう》 さん

昭和13年（1938）3月5生まれ

山口さんは昭和45年から旅館「河鹿屋」を経営している。栃木県猟友会日光支部湯西川地区会長。阿久津さんは元栃木県職員。

平成28年（2016）4月23日取材

山口さんに対して取材を依頼していたところ、当日は阿久津さんと伴って待っていた。

「幼なじみです。ともにここで生まれ、ずっとここで一緒に生活をしてきたんです」

喜寿を過ぎた現在も、年に35日〜40日ほどは狩猟のために山へ入る。

戦中戦後の湯西川のくらしと狩猟を知る貴重な回顧談を聞いた。

どの家にも鉄砲があった

平成8年から猟友会日光支部湯西川地区会の会長をやっています。わたしの前の会長は山島小藤さんという人で、地元では「ちょんまげさん」と呼ばれていて、とても有名な人なんですよ。

ちょんまげさんは料理店と旅館業を営んでいて、クマ鍋やシカ鍋などの野生の獣肉を使った猟師料理が評判を呼び、大繁盛していました。

終戦前までは、湯西川のほとんど家で「杓子《シャクシ》彫り」を専業として生活をしていました。

杓子。飯または汁などをすくう台所用具で、木を削って作る

杓子はブナの木で作るため、ブナの木を求めて集団で山奥に入ってシャクシ小屋を建て、そこに泊まり込んでシャクシ彫りの作業をしていたそうです。その一連の仕事はとてもたいへんだったと聞いています。

こうしてできた杓子を持ち帰ってきて、売ったんです。あのころは車などなかった時代でしたから、冬は橇《そり》、夏は牛車に曳かせて関門（現在の五十里湖）まで運び、そこから車に乗せ換えて、東京や横浜へ送っていたんですよ。帰りは湯西川の旅館へ泊まるお客さんを乗せて戻ってきたものです。

狩猟は杓子つくりの間にやっていました。猟をやっている人がほんとに多かった。それこそ、ネコもシャクシも鉄砲を持っていた（笑い）。持ってない人のほうが少なかったんです。

湯西川地区の狩猟のピークは昭和47年から48年ごろで、狩猟者は77人か78人くらいはいましたね。ところが現在は、わな猟も含めても20人程度しかいなくなってしまった。

わたしたちが小さいころは、鑑札（狩猟の許可を与える資格のこと）を持っている人が集落にひとりいれば、集落に住む人はみんな狩猟ができました。

鉄砲はどの家庭でも、玄関に吊るしておいた。すぐに持って出られるようにね。スコップやなにかと同じような扱い方をしていた。終戦前まではどの家でもそうでした。

鉄砲の数が村で少なくなったのは、第二次世界大戦のときでした。どの家でも供出させられて、軍隊に持っていかれてしまいました。

家族総出のモモガ獲り

あのころは、モモガ（この地方でムササビのこと）をよく獲っていましたよ。

少年になると、男の家族に連れられて、猟に行くんです。わたしは小学校5年か6年のころでした。うちは男ばかりの6人兄弟で、わたしは五男坊。そのころは終戦直後で、食糧難の時代でした。

ムササビ（モモガ）。木の上の樹洞をすみかとする

それに鉄砲の玉は、自分たちで溶かした鉛を、鋳型に入れて作っていたんです。猟に出かけるのは夕方の5時15分ごろ。時期も自然と10月8日からと決まっていました。10月8日にならないと、その時間のころまで暗くならなくて、お月さまが出てきません。それにモモガは夜行性だから夜にならないと出てこない。

各家庭が全部、猟に出かけていきました。そして、モモガが木の穴から出てくるのを「出待ち」と言って、沢の入り口で待っているんです。

そのころは懐中電灯がなかったから、月明かりだけで歩きましたよ。当時の装備はワラジとウスヒキを身に着けて、イワシバで編んだ魚籠《びく》を背負って歩いた。これが丈夫で、たくさん入る優れものなんです。

夜通し、首が痛くなるくらい、上を見て歩く。すると木の高いところに、丸っこいのが見える。それがモモガです。

帰ってくるのは朝の3時ごろになります。それまで一晩中獲れたモモガを持たされて歩かされます。小学生だから疲れますよ。最初は1匹から2匹で、まだ軽いから持って歩けるんですが、次第に数が増えて重くなってくるから、たまらなくて、途中で「ちゃっ」と捨ててくる。そうすると、あとで帰ってきてから「数が足らねぇ」って怒られたっけね。

でも、あれはおもしろかったなあ。

あれくらいおもしろい猟はなかったよなあ。

イワシバで編んだ魚籠を持つ山口さん。「モモガだけではなく、鳥や魚、獲れたものをなんでも入れることができました」（山口さん）

肉がめったに手に入らない時代で、あのころのモモガはとにかくうまかったんです。肉は獲りたてが一番だね。ダイコンとハクサイで煮て食べた。脂が乗っていてね、いまの豚肉よりもおいしかったなあ。

大人数の家族であればあっというまに食べてしまいますが、少人数の家庭では、食べきれない肉は皮をはがして内臓を取り除き、日かげに干して、保存しておいたものです。

いまは、山の植生を人間が変えてしまったから、モモガの食べるものも変わった。植林したスギの葉のにおいが強くなって、それで肉の味も変わってしまった。それにもっとも、法改正によって、獲ってはダメになってしまった。最初は夜間がダメになり、次は昼間もダメ。つまり全面禁止になってしまいました。

「ウサギわな」と「モックリわな」

わたしの三男坊は、ウサギ獲りの名人でね。

「ウサギわな」と呼ぶツボわな（首くくりわな）があるんです。針金をいっぱい買ってきて、冬の間だけ仕掛けておきます。わなを仕掛けて一週間ほどようすをみて、あとはもう、

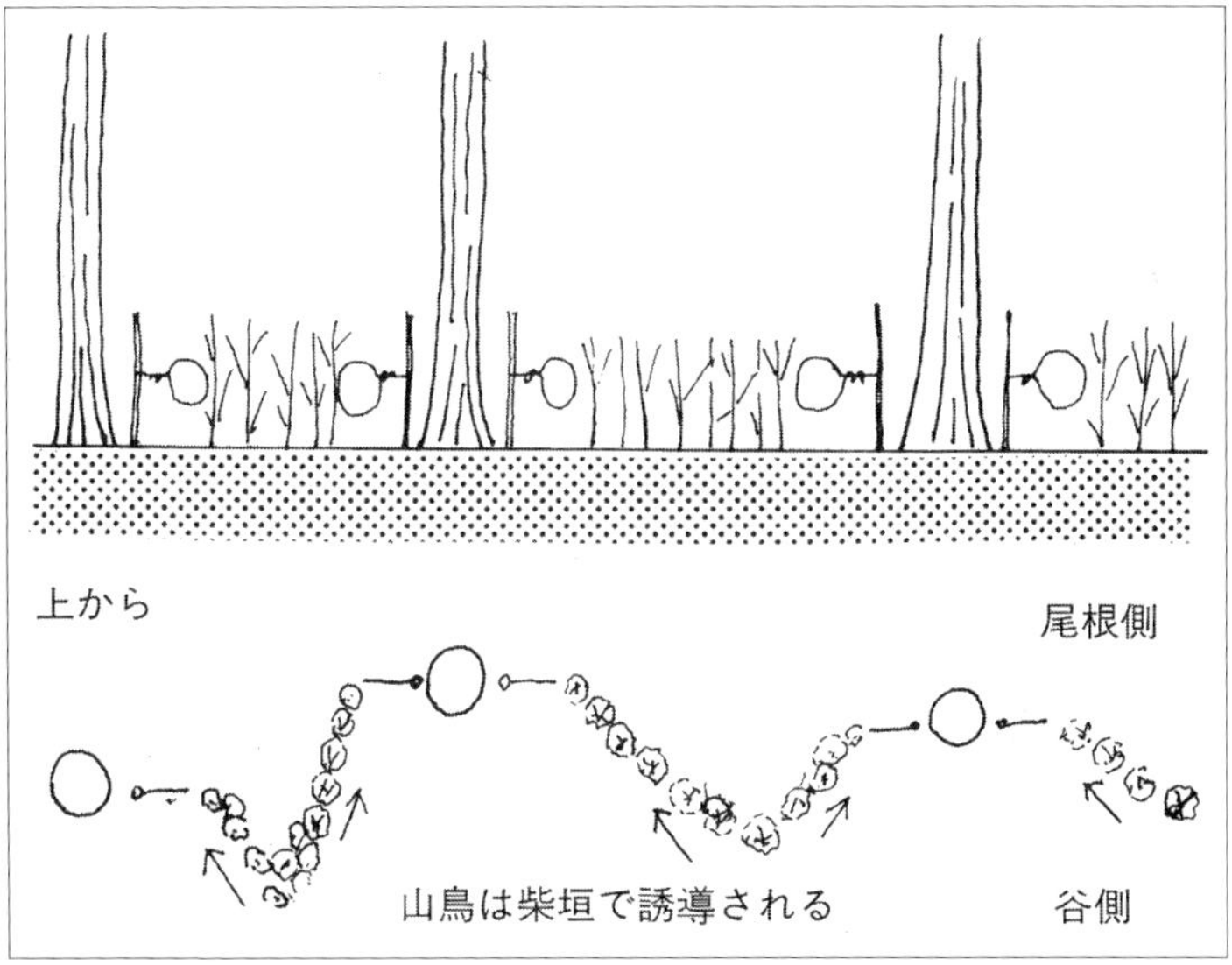

モックリわな（「日光山地の狩猟習俗」より）

獲れているから大変なんです。なにしろでかいんですから。本当に。

ヤマドリも、一度わなをかけておけばたくさん獲れます。ヤマドリのわなを「モックリわな」と言って、首をくくるようにできています。秋の彼岸ころになると、マユミのような、しなる木の枝を、10メートルごとに刺し込んでおいて、峰伝いに垣を作る。そこに向かってヤマドリが沢から上がってくるんです。かかった瞬間、すごいですよ。小学校6年生のころくらいから、あらかじめわなをかけておいて、学校が終わるとわなを見にいったよな（阿

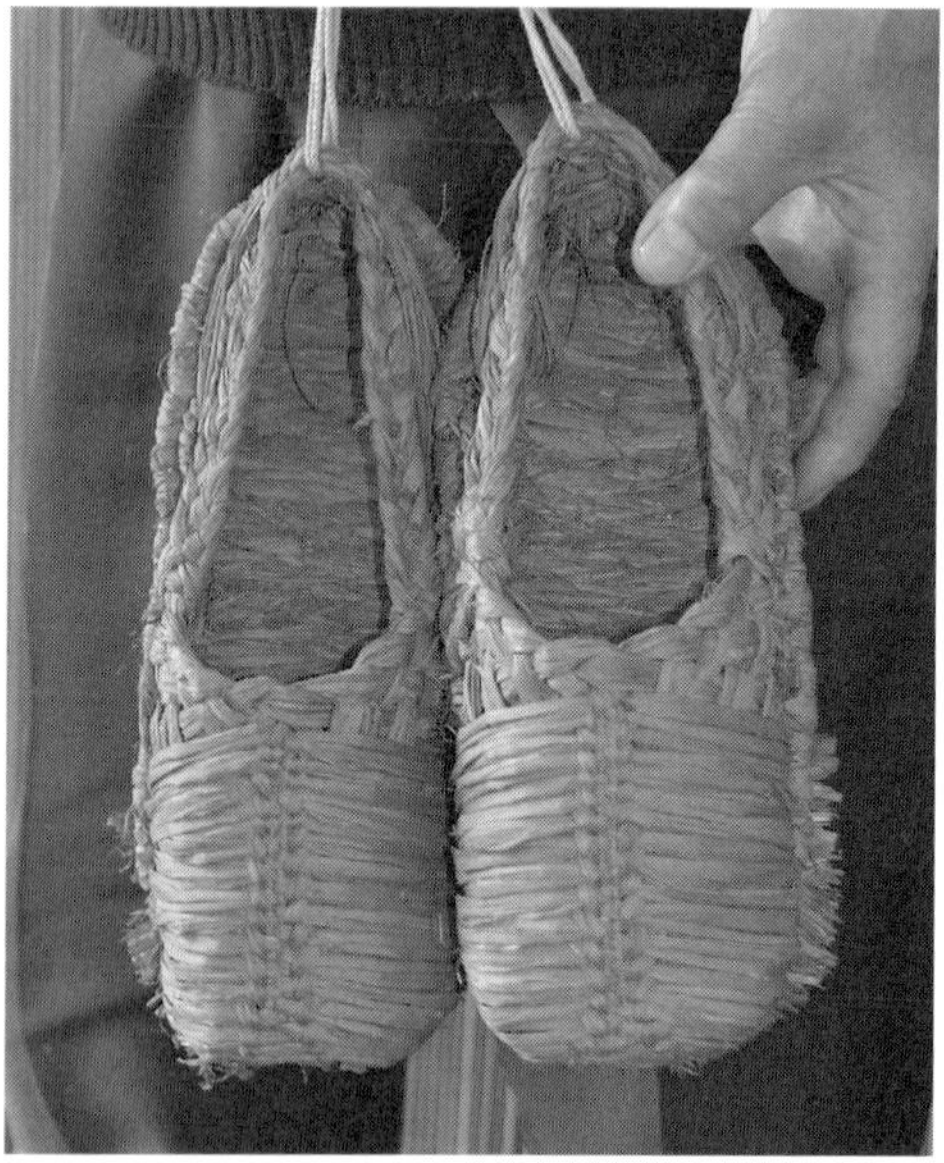

ゲンベイ。雪国の山歩きで用いられたはきもの

久津さんと、うんうんとうなずき合う)。おもしろかったな。

この人は(阿久津さんを見て)、ツグミ獲りの大ベテランなんですよ。このあたりの旅館ではみんな、ツグミをお客さんに出していたんですから。旅館が並んでいるこの通りを歩けば、ツグミを焼くにおいがしたものです。

はらわたは塩辛にして、一合枡に入れて保存しておいたの。胆のうが入っていて薬効があり、非常に高く売れました。味は、苦みがありますね。ツグミ獲りだってむかしはなんの許可も要らなかった。でも昭和40年が過ぎてから国の法律ができて、ツグミの狩猟もダメになってしまいました。

「わなを見に行くのが楽しみだったな」「うん、おもしろかったなあ」

もっとも、いまは山にツグミがいなくなってしまったな。田んぼのような低地にはいるが、いまはスズメしか見なくなったよ。

大型といえばカモシカとクマだった

カモシカは、このへんでは「クラシシ」と呼ばれていて、牛肉と同じようなおいしさだったと聞いています。

むかしは、いまみたいにシカやサルはまったくいなかった。大型の哺乳類といえば、カモシカとクマくらいだった。

イノシシは明治時代までは、このへんにいました。ところがイノシシがいなくなって100年目の平成5年か6年ごろに、再びイノシシが

ツキノワグマを獲った。昭和 57 年～ 58 年ごろ

平成21年1月22日。雪の中でイノシシの足跡を見つけ、カンジキで追いついた

現れたんです。それまで100年間、ここではイノシシを捕獲した記録はなかった。これを境に、イノシシが急に増えてしまった。そしていまは有害駆除の対象になってしまっています。

何年か前まではサルも獲れたんだけど、近年は、湯西川ではサルを見なくなったね。サルは報奨金をもらって埋めておしまいだけど、むかしは食べていた時代もあった。

サルは食べるとうまいんだよ。焼いて食べる。味わいはヤマドリの肉と同じ感じで、秋のころは、脂がのっていてうまい。モモ肉がうまいね。脂が人間と同じ。そして骨や肉をばらすのが気持ち悪いよ。サルの皮をはいでいると、ばあさんをはいでいるみたいで、いやなんだよなあ。

むかしといまは、狩猟のかたちがまったく変わったね。むかしは生活のための猟だったのが、いまは完全に有害駆除の事業になってしまったなあ。

サル。むかしは貴重な食糧源だった

猫師伝コラム

「コン」がいた日々

小松恵一さん（12ページ）の取材をしながら、ある一枚の写真が目に留まったことを思い出した。子グマと子どもが遊んでいるのだ。

クマの写真といえば、仕留めたあとの集合写真ばかりだったので、印象に残っていた。

後日、小松さんの長男の大泰《もとひろ》さんに尋ねたら、次のような話が始まった。

ん？　この写真ですか？

ああ、これは、おやじがクマの子どもを持って帰ってきたんです。クマを狩りに行って、母クマを捕獲したあとに、穴にいた子どもをスーパーの袋に入れて連れ帰ってきたんですよ。

とにかく、見ているだけでかわいい。家に小さなクマがいることがたちまち周囲に知れ渡り、まだ保育園児だったいとこが「コン」という名前をつけました。

夏休みになると、コンに首輪をつけて、毎朝のラジオ体操に連れて行きました。自宅の前に路線バスの停留所があるんですが、バスに乗っていたお客さんが全員降りてきて、コンをなでていきました。

子グマの「コン」

家の向かいに住むおばあさんは、余ったごはんを持ってきて、砂糖をまぶして食べさせていた。カステラ屋さんが「この子に食わせてやってくれ」と、カステラを大量に送ってきたこともありました。

こうして、みんなで甘いものから果物までなんでもあげて、喜んで食べさせていたら、その年の冬になるころにはコンの体重はみるみる増え、太りすぎのためにろくに歩けないくらいでしたよ。でも本当にかわいかった。

「コン」と小松さん

やがて、クマやサルは特定動物といって保健所に届け出す義務があり、自宅にしっかりとした設備がなければ、飼育の許可が下りないことを知りました。しかしうちの環境では、とてもそれはできません。

幸いにも、宇都宮動物園が引きとってくれることになりました。しかしそれは、コンとの別れが来ること意味していました。

コンがいなくなる日のことを、いまもよく覚えています。家族全員が泣きました。ひとりずつ、別々にコンのそばに行っては戻ってくる。その目は赤く泣き腫らしていました。ある日、コンに食べてもらおうと、果物をたくさん持って動物園に行くと、コンはいませんでした。園長によれば「よその動物園に譲りました」とのことでした。

コンとはそれきり、会うことはありませんでした。

二章　狩猟に生きる

忍び猟のおもしろさは、動物との駆け引きです

忍び猟。けものにも見つからぬよう、人間の気配を消しながらこっそり山に入り、山を流しながら見つけて撃つ。最低でも100メートル以上、ときには500～600メートルも離れた遠距

日光市鬼怒川温泉大原在住

石《いし》川《かわ》　晴《はる》朗《お》 さん

昭和23年（1948）6月12日生まれ

栃木県猟友会日光支部長。飲食店経営を経て看板製造業。祖父の代から続く狩猟ファミリーで、長男も狩猟免許を持っている。名前は祖父がつけてくれた。

令和2年（2020）8月28日取材

離射撃で、確実に仕留める腕の持ち主でなければできない。

石川さんはそれができる。

令和元年から、県の依頼で奥日光中禅寺湖畔南側に位置する社山（標高1827メートル）で忍び猟を行い、着実に成果を挙げている。

むかしの狩猟を知る人の中では若手だが、爪（アイゼン）をつけて歩いていると、ひざにくるようになったと笑う。

「自分たちより下の世代は、狩猟のやりかたがまるっきり違う。ガラリと変わった。いま、自分たちがなにか残しておくようなことをしなければと思っている」

シカ肉は大量に燻製にするのがうまい

レストランでコックをしていたこともあり、料理はやりますよ。野生動物はいろいろなおいしい食べかたがあります。それに山のくらしでは、野生動物の肉は貴重な栄養源、たんぱく源でしたしね。

シカの肉は焼いてもおいしいんですが、独特のにおいがあります。もちろん、そのにおいが好きだという人もいますね。苦手な人は、燻製にするとにおいが消えます。においが気にならない一般的な食べかたはシカ刺しだと思われていますが、わたしは、燻製がシカ肉の料理の中でいちばんうまいと思います。一緒に手伝ってくれていたかみさんが疲れちゃって。「もう勘弁してください」と言うので、いまは燻製づくりはやっていませんが、以前はよく、ドラム缶で燻製を作ったものです。

燻製を作るときは、一度に200キロくらい使います。大量に作らないと、おいしくならないんです。まず、肉を50キロくらいに分け、塩で漬け込みます。そうして、血と水分をできるだけ外に出してしまうのがコツです。

知事に乞われて来県した曾祖父

わが家はおふくろ以外の全員が銃を持っていました。妹夫婦も銃を持っていました。

わたしの家は代々、医業を生業としていました。先祖は江戸時代後期に長崎へ赴き、蘭方医の流れを汲む医家のもとで、当時最先端の西洋医学を修めました。その後、当時の岡山藩主の御典医に就いたと聞いています。

曾祖父の正吉《まさきち》は、廃藩置県直後の栃木県、つまり現在の栃木市に県庁があったころ、当時の県知事の依頼により、当時は無医村地区だった藤原村（現在の日光市藤原地区）にやってきました。現在のわたしが住んでいる家の敷地内に当時の村役場があり、その建物の中に診療所がありました。

祖父の通正《みちまさ》も医業を継ぎ、診療の傍ら、旧藤原町（村から町になった）の町長をしていました。

祖父は忙しい医業の合間を見つけては、猟を楽しんでいました。時間があれば「おい晴朗、行こう」と猟に連れていってくれました。祖父によって、わたしは銃と猟に出会いました。

猟犬と祖父の通正（みちまさ）さん。明治 30 年生まれ

狩猟は生活の一部だった

親父の正人《まさんど》は、祖父よりも銃と猟に夢中になりました。役場の職員として働きながら、休みがあれば、しょっちゅう射撃場と山へ行っていましたね。

そのような祖父や父の影響もあって……現代の社会通念上、非常に話しにくいことなんですが、もう時効ということで話しますね。小学3年生のころには、親父が所持していた空気銃で、スズメなどを撃っていました。小学校5年〜6年生ごろからは、親父のあとをついて山を歩いていました。目的はヤマドリです。2人で一日中、山や沢を行き来したことや、月夜の山中を歩いて家へ帰ったことを、いまでもよく覚えています。

親父はとにかく足が強かった。半端じゃなかった。銃を担ぎながら、朝っぱらから晩まで、日が落ちてまっくらになっても歩くんです。怖いので、必死になって親父を追いかけ、あとをついていきました。山の上から街の明かりが見えると、ホッとしたものです。

その後親父はスキーで脚の骨を折り、以前ほどは歩かなくなりましたが、それでも本当によく山に入っていました。

このようにして、小さいころから親父やおじいさんの様子を見てきましたから、狩猟はずっと生活の一部でした。家の玄関を開けると、銃がズラリとぶら下がっていました。普通の人が見たら驚くことですが、うちでは普通。

でもそれは、一般的な家庭の風景ではなかったんですよね。あとから気づいたことですが、わたしの家がほかの家とは違っていて、特別だったんですね。

高校は栃木市にある國學院栃木へ進学しました。自宅から高校は遠く、通学が難しいので、家を出て寮に入りました。週末や長期休暇になると家に帰って、あたりまえのように銃を持ち出し、ポケットいっぱいに弾を詰めこんで、友だち数人を連れて民家のない山へ向かっていきました。そこで朝から一日中撃って遊んでいましたよ。

高校を卒業できたのは、当時の寮監と担任の先生がたのおかげです。銃やいろいろな趣味に没頭して勉強をせず、落第寸前のわたしを3年間ずっと面倒をみてくださり、いつもかばってくれました。

この先生がたとはいまもずっと交流があり、わたしが獲ったシカ肉を毎年送っていいま

仲間とシカを捕獲した祖父の通正さん（中央、ビーグル犬を抱いている）。昭和27年撮影

す。「石川が肉を送ってくれたから、食べよう」と、当時の先生がたが集まって飲んでいるらしいです。うれしいですよね。

「ジャッジャッ」という音

大学を卒業して、銀座のデザイン会社に就職したんですが、料理にも興味がわいたので、料理人の道を進むことに。帰郷し、昭和40年代から50年代にかけて、鹿沼市でレストランを経営していました。

そのころになると、山の生態系が大きく変化していました。山ではシカが増加し、銃所有者による狩猟目的の大半が、ヤマドリからシカに移っていきました。それに、それまであまり見ることのなかったクマが、かなり出没するようになってきたんです。

あるとき、当時住んでいた鹿沼の家から実家に帰ると、親父から「クマが出て畑を荒らしているぞ」と聞き、父とともに山に向かいましたが、鹿沼市は実家と猟友会の地区が異なるため、そのときは銃を持っていきませんでした。

クマが行き来する道に入り、そこに座って少し待つと、「ジャッジャッ」という音が聞こえてきました。でも、その音はどうも人が出す音ではない。クマが砂利道を歩く音だったんです。

下からそっと振り返りつつ、見上げると、クマの姿が見えました。相当大きく感じました。「あっ」と思った瞬間、クマはパッと横に逃げていっちゃいました。クマは一見荒々しい動物に見えますが、じつはとても繊細で慎重なんです。

オスの大クマを仕留めた父の正人さん

数カ月後、そのクマを捕獲することができました。

またあるときは、近くの養豚場にクマが暗闇に紛れて侵入し、餌を食べてしまう被害がありました。被害があった場所に餌を入れた桶を置き、その桶と自分の脚をひもで結んで、クマが餌を食べたときにひもが引くように仕掛けました。

案の定、クマは餌に近づいてきた。撃ちました。１００キロは軽く超える大きなクマでした。

人間が招いた被害

「生きたブタを襲って食うクマ」が出没したこともありました。

これは、ある養豚場で起きたできごとです。敷地内に穴を掘り、死んでしまったブタを埋めないまま、その穴を放置してしまったことが原因で、前代未聞の被害は始まりました。

養豚場の飼育主が日中の仕事を終えた夕方から夜にかけて、飼育場のブタたちの様子に異変が起きました。飼育主がブタの悲鳴を聞きつけて駆けつけると、ブタが横腹の皮膚がめくれ、あばら骨や内臓が見える状態で横たわっていたのです。この日を境に、そのクマは死んでしまったブタには目もくれず、生きたブタのみに襲いかかるようになり、被害は日を追って拡大していきました。

その後、自治体から有害駆除の許可が出て、なんとか駆除することができました。それまで経験したことのない被害で、このようなクマが出現してしまったのは、人間が招いたことなのだと痛感しました。

石川さんとクマ

クマというのは本当にデリケートで注意深く、そして賢い動物です。クマの特徴や習性について父や仲間から聞いたり、自分でじっくり考えながら学んでいくうちに、捕獲する術についての興味が次第に深まり、おもしろく感じるようになりました。

そして、父はいつもこう言っていました。「鉄砲撃ちは、被害に遭ったという情報をもらったら、一日も早く助けてやらなければならない」と。

気配を消して駆け引きをする

忍び猟のおもしろさとは、動物との駆け引きです。自分の気配を殺して、できるだけ近づいていく。自分の間近にいきなり出ることもあるし、遠くにいるのを見つけることもあります。遠くにいるものに対する射撃については、ある程度のノウハウを持っていないと難しいです。けものが近づいてくるのを見ていられれば、余裕を持って撃つことができる。

「このへんなら一番よい」「ここは見つけそうだ」という、自分の勘を研ぎ澄ませるのも、グループで行う猟とはまた違う趣や、すばらしさがあります。

ハンターなどから危害を加えられたり、過去に危険な思いをした動物は、山での行動がかなり慎重です。こうした動物たちから気配を消す工夫をしなければなりません。たとえば急いで歩かないこと。急いで動くことでササと服などが擦れる音を出して、気配が現れてしまう。ですから、できるだけゆっくり歩くことが一番いいです。服ならむか

中禅寺湖南岸の社山で獲物を見つけた石川さん。ストックに依託し（支えにする意の射撃用語）、狙いを定めている

しで言う羅紗、ウールのズボンがいいですね。靴はソールにスパイクがないもの。スパイクは歩く音が出ます。杖を使う人がいますが、中にはスキーのストックを使う人がいます。あれば滑降する道具としては効果的ですが、金属製の音が出ます。金属音は動物が一番嫌う音で、人間の存在がばれてしまいます。

自分の気配をどう消すかは、経験を重ねるうちに、自然といろいろなことがわかってきます。数年前まではグループ猟が多かったんですが、最近は、忍び猟がグループ猟よりも多くなりました。それぞれの猟におもしろさがありますね。

猟の楽しみはお金じゃない

シカの駆除が増えたのはここ15年くらいの間です。自分が30歳代のころ、いまから30年以上前から、かなりの数になってきて、「こんなに?」と驚いたのを、いまでも覚えています。

それで、親父がちょくちょく一緒に巻き狩りをしていたグループに入れてもらって、わたしも巻き狩りを始めました。むかしながらのやりかたを聞いて、受け継いできました。

親方が朝方4時くらいから、ぐるっとひとまわりフンギリ（事前にけもののようすを下見に行くこと。「見切り」ともいう）をして、メンバーに「このあたりにいるぞ」と指図して配置させます。

忍び猟を一緒におこなった3人。中央が石川さん、左が神山英士さん、右が吉田稔さん

その後、撃つ。3頭や4頭も獲れれば、みんなでお祭り騒ぎで喜びます。

遊びは遊びなんですが、仲間同士でやると、みんな真剣になります。チームワークが非常に大切で、どれだけ仲間意識を強く持つかで成果が変わってくるんです。

いまはもう、鳥の数はかな

（石川さん）「このあたりでトウモロコシを作るようになったのは、近年になってからです。そのトウモロコシを狙ってクマやシカ、イノシシがやってきます。猫の額くらいの畑なら一発で仕留められる」

り少なくなってしまいました。親父についていったころは、3羽〜4羽は獲れました。それに、シカなどの大物が獲れるようになると、どうしてもそちらのほうに意識が向いてしまうんですね。仲間たちと相談しながら仕留める巻き狩りは、猟の楽しみ、だいご味が味わえます。

特にこの数年やっている忍び猟で、一緒にやった吉田さんと神山さんの2人とは、気心が知れた間柄でいい仲間です。猟だけじゃなくて、射撃の大会にも一緒に出ました。このふたりと忍び猟ができたことは、本当にいい思い出です。

男だったら、獲物を狙ったり狩りをすることは、本能だと思います。わたしはその本能を大切に育ててもらったと思っています。

そして本来、狩猟は楽しむものなんです。そのことを理解できる人が少なくなりました。被害対策に協力することはまったくやぶさかではありません。役に立つのなら喜んで協力します。

でも（被害対策のために）お金をもらって義務でやる猟なんて、趣味の方向が間違っていると思うことがあります。親父も、「猟はお金をもらってするものじゃない。気持ちで恩返しをするんだよ」と言って、農作物被害に遭った農家のためにも撃ってきました。

50年間、猟で付き合ってきた古い友人たちが、どうも違う方向へ行ってしまっている気がして、さみしい気持ちになることがありますね。お金（行政からの報奨金）かかってきてからは……。

わたしはおじやんに教わって猟を覚えました

粟野の山奥にある集落で、祖父の代から狩猟をおこなってきた。獲った動物は食べるだけではなく、古くから健康によいと伝わる常備薬などに活用している。

「自分で獲ってきたものはみんな

鹿沼市上永野在住

大《おお》森《もり》　基《もと》安《やす》 さん

昭和11年（1936）2月18日生まれ

農業。もともと麻栽培が生業だったが、骨が折れる作業だったため、コンニャクイモの栽培に切り替えた。

平成28年（2016）4月29日取材
（大森基安さんは平成28年11月11日に亡くなりました）

みやげにして、一つずつくれちゃいます。金でやることはしねえ。趣味でやっているんです」

おじやんに猟を教わった

そういえばことし1月、わなにかかっているイノシシが外れて、突き転ばされちゃった。指をかまれて、独協（獨協医科大学病院）に10日ほど通いました。腹も20針ほど縫ったんです。

あらためて、「警戒しなければいけないな」と思い知りました。わなにかかったイノシシには、斜面の上から回り込んで鉄砲をぶつのが鉄則なんですよね。

うちはおじやん（祖父）の代から猟を始めました。わたしはおじやんに教わって猟を覚えました。鉄砲とわなの両方をやりますが、ほとんどは鉄砲じゃなくてわなが多いですね。父は、鉄砲と、ビクターというねずみ獲りのようなわな猟をやっていましたね。

ヤマドリを捕獲した祖父の利一さん。まだこのころはヤマドリがたくさん獲れた。利一さんは村田銃を使っていた

イノシシはむかしはいなかったんですが、シカやクマは昔からいました。シカは長く追い猟をしていましたが、現在ほどは獲れず、獲れたらときはみんなで分けました。いまはわな猟で獲っていきます。それに増えすぎちゃいました。ことしのタケノコは全部イノシシに食べられちゃって、全滅しました。

むかしは肉が買えなかったからね、野生の肉は貴重でしたよ。おじやんがウサギを獲ってきては、その肉をみんなで食べた。調理したウサギの肉を、学校のお弁当に持っていったことだってありますよ。

山が変化し、ヤマドリが消えた

ヤマドリは一番おいしい。最高の肉ですよ。

ハトよりも大きくて、ニワトリよりは少し小さいんですが、肉はニワトリよりもあるんじゃないかな。ヤマドリでだしをとり、そばを打って食べるのが、本当にうまいです。この家には以前、お茶の間の隣りに囲炉裏があり、そこでヤマドリなどを焼いて食べていました。なつかしい思い出ですね。

ヤマドリを獲るときはまず、ヤマビルがたかっていないかどうかを確認します。個体の尻尾にたかることが多く、尻尾が短い個体にはたかりません。

あるときから、ヤマドリが産んだ卵をイノシシがかぎつけて、食べてしまった。そのために、いまはヤマドリが途絶えてしまいました。

このごろ、山にヤマビルが増えてしまって、困っているんです。原因はいろいろあると思いますが、以前はヤマビルをヤマドリが食べてくれていました。ところが、ヤマドリがいなくなってしまったために、山にヤマビルが増えてしまっているんです。クロキ（スギやヒノキなどの人工林）が伸びて日陰を作り、ヤマビルが好む環境に変化したのも、要因のひとつです。

胆が大きくなるのを待つ

クマもそうかんたんには獲れません。狩猟でクマが獲れるのは10年に一度か二度程度ですよ。

冬ごもりをしているクマの巣穴を犬が探して教えてくれるんですが、冬ごもりをして一カ月くらい経ってから獲るクマがいいんです。クマというのはね、冬ごもりの前、バケツ4杯くらいの柿を食うんだ。それから巣ごもりに入って、飲まず食わずしながら「胆」がどんどん大きくなる。そうなったときをねらって、獲るんです。

冬ごもりの時期、巣穴に入っていたクマを獲った。中央が基安さんの父の宗作さん（明治 36 年生まれ）、右は祖父の利一さん（明治 15 年生まれ）

わなにかかったサルは、できるだけ外すようにしています。大きいサルは暴れるからこわいですよ。1頭、わなにかかっているのを助けていると、仲間のサルが5頭も6頭もやってきて、人間をやっつけにくるんです。

大森家の獲物の活用あれこれ

大森さんの自宅から2キロ上方に流れる百川で、食害防止のためにわなで捕獲したクマ

【脂】先祖代々、むかしから塗り薬として使われていて、とても貴重なものでした。これがやけどにいいんです。しもやけやアカギレにもよく効く。皮膚が乾くのは、血の循環が悪いからなんだよね。そういうときは、クマの脂を塗るといいです。さらっとしていて、塗るとすぐになじむんですよ。

脂のとりかたは、脂身の肉をフライパンで溶かして、固めて保存する。50年前にクマが獲れたときも、同じ方法で脂を取っています。

【肉】 肉はさっぱりしておいしいですね。脂身はとっておいて、まず赤身の肉をダイコンとハクサイ、コンニャクを入れて煮る。最後にみそを入れますが、その直前に脂身を入れる。こうやって食べるとうまい。

シカ肉は「血あんめえ」と呼ばれています。「血が荒れない」の訛りです。産後の肥立ちなどの婦人科系の病気によく効くと言われてきました。

貧血や鼻血はシカの肉を食べると治ります。

捕獲したオスジカ

【刺身】 シカ刺しは、背ロース、モモの部分。刺身が一番うまい。

【加熱料理】 焼き肉や、野菜炒めにしても

作業場に整頓されているくくりわな。壊れたわなは修理しながら使っていた

おいしい。燻製は、弟が数日間かけて作ってくれています。

【みそ漬け】クジラの肉のような味わいがして、おいしい。

【角】角は、穴を開けると、煙草のパイプにもなる。

肉は水を加えず、酒かワインで2〜3時間煮込む。あとはしょうゆと砂糖を入れる。くさみを取るには、レモンとショウガがいい。酒が肉を少し柔らかくしてくれる。これはうんまいや。

妻・マツさんの話

わたしは猟をしない家から嫁いできたんですよ。

お父さん（夫の基安さん）が鉄砲をぶちにいくと、家のなかのいろいろやってほしいことが、やってもらえなくなるでしょ。でも、お義父さん（宗作さん）が、「（鉄砲ぶちに）行ぐときは、気持ちよく出してやれ。絶対に文句言っちゃいけないよ。もめごとは帰ってきてからにしろ」って。

お父さんが戻ってきて、獲れたときは機嫌よくしてくれるし、こちらのことも、いつのまにかどうでもよくなっていくのね。で、「きょうは、ああだった、こうだった」って、その日の話をなんでも教えてくれる。話を聴いているうちに、山の風景がだんだん思い浮かぶようになって、自然と猟に興味を持つようになっていきましたね。山の話を聴く

（大森さん）「この春のタケノコは、イノシシが全部たべちゃって全滅しちゃったよ」

のはいまでも楽しいですね。

山にはパチンコ屋さんはないし、狩りをやっていると思うと、腹も立たないの。

ここに来てから、シカの肉を食べるようになって、体調がよくなりました。

鼻血が止まらなくなると、シカをみそに漬けておいたのを「これを食べろ、すごくいいんだから、誰にも食べさせるな」と言われてね。食べているうちに、鼻血が止まりました。小さかった男の子にも食べさせたら、(鼻血が)治った。レバーはわたしだけ苦手で食べられなかったんですが、みんな食べていました。「血の気がなくならないように」と、肉を水に浸けておいて、食べていましたね。

以前、うちにある蔵がテレビ番組に出たことがあります。「シカが土蔵を食べる」って。藁をこぎったのを塩でたたいて荒壁にするでしょう。その塩分を摂取するのに、しょっぱくなった壁を食べに来ていたのね。

妻のマツさん

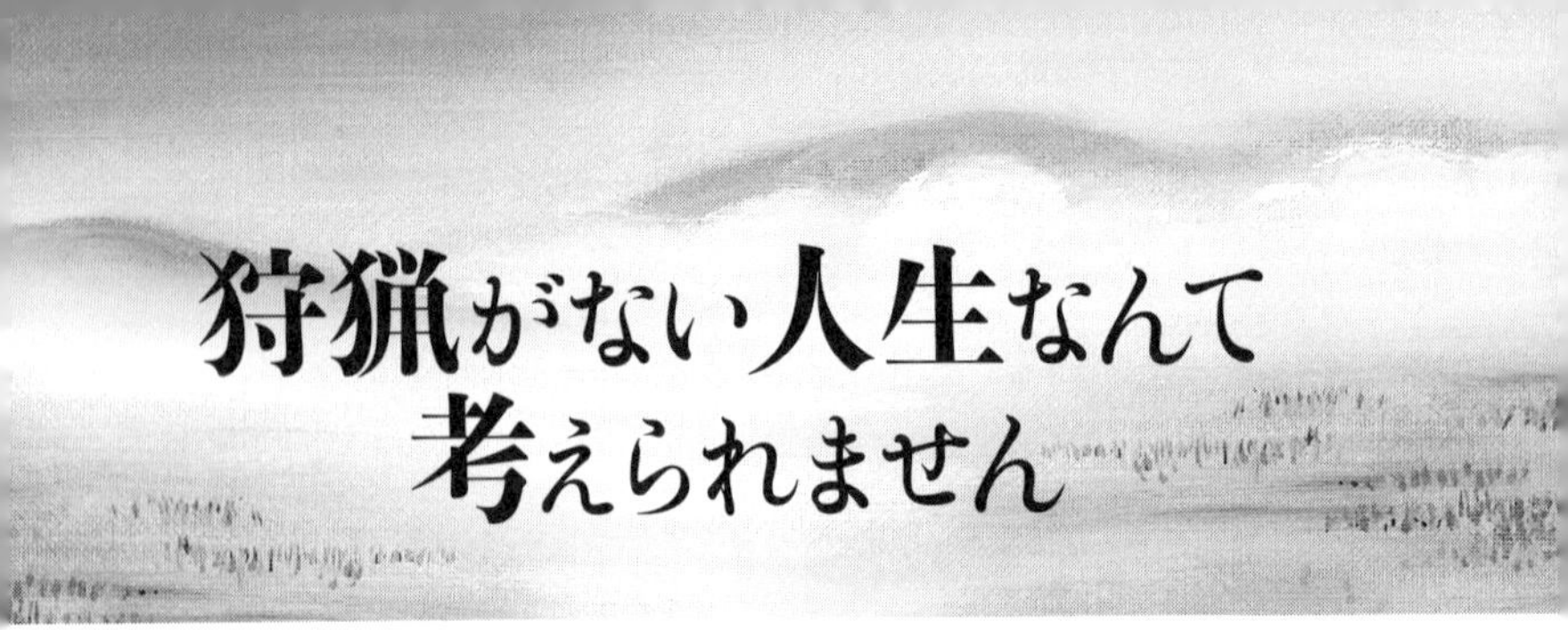

狩猟がない人生なんて考えられません

生まれも育ちも横浜。少年のころに出会った栃木の山の生活が、人生を変えた。

身も心も山に捧げ、山からは豊穣な恩恵を受けた。いま、栃木の山への恩返しにと、野生動物保護

日光市鬼怒川温泉大原在住

杉本《すぎもと》　祐二《ゆうじ》さん

昭和29年（1954）4月3日生まれ

料理人、鳥獣管理士。銃猟とわな猟の両方を行っている。近年は国や県の狩猟者育成事業に協力しており、「わかりやすく、おもしろい」と評判を呼んでいる。本書に登場する猟師のなかで最も若い。

令和3年（2021）8月20日取材

管理の普及に協力。講師として県内の小中学校や自治体などに招かれ、奔走中の日々だ。

山や川で遊んだ夏休み

ぼくは、じつはここの生まれじゃないです。横浜です。幼少期は南区、それから磯子という場所で育ちました。いまは住宅地ですが、ぼくがいたころはまだ、緑が豊かでした。

親父は山梨出身で、戦争に出征していました。日本の敗戦を大陸で迎え、旧ソビエト連邦で捕虜になり、抑留生活を生き延びて日本に帰ってきました。その後、兵役の経験を生かして、当時の警察予備隊に入りたいと思っていたようですが、「ソ連から戻ってきた人間は共産主義教育を受けている」などというレッテルを貼られちゃって、ダメだった。それで、「このままでは田舎では食っていけない」と判断して横浜に出てきました。運送業や食堂など、いろんなことをして、苦労しながら生計を立てていました。

ぼくが小学校に入る前、親父が大病を患ってしまったので、おじのところに預けられました。場所は塩谷町の船生《ふにゅう》です。そこで半年くらい過ごしたんですが、とにかく楽しかったことは覚えています。どんなことをやったのかよく覚えていないんですけど、川とか山に行って、それがとても楽しかったんです。

それから小学校に入り、2年生ごろになると、ぼくは新聞配達のアルバイトを始めました。いまでは問題になってしまいますけどね。バイトは中学校まで続けました。販売店の人がぼくをとてもよく面倒をみてくれましたし、朝早く起きて新聞を毎日配る幼いぼくを、地域の人も知っていて。配達先の家で「食べなさい」とお菓子をもらったこともあるし、お正月の配達では、お年玉を入れたポチ袋が新聞受けに貼ってあったこともありました。

そんな生活をしていたぼくの一番の楽しみは、夏休みでした。休みに入ったら電車に乗って、当時鬼怒川温泉で和菓子の修業をしていたおじの息子、つまり従兄の家に向かいました。従兄は所帯を持っていたんですが、当時は子どもがなかったこともあり、ぼくをかわいがってくれました。

従兄は狩猟や釣りに親しんでいて、ぼくを一緒に連れていってくれました。毎日好きなだけ山や川で遊べて自由に過ごせて、それはもう本当に天国でした。こうして自然と、ぼくは山でのくらしに憧れるようになりました。

高校生になると、同級生の仲間を何人か連れてきて遊びました。河原にテントを張って、魚を釣って焼いたりして過ごしました。

そして鬼怒川温泉へ

高校を卒業するころには、「おれは朝9時から夕方5時のサラリーマン仕事はできねえな」と思っていました。進学するという選択肢はありませんでした。特待生入学や奨学金制度を知らず、大学に行く余裕なんかないと思っていたから。それで「じゃあ、板前になるか」と決めました。バイトしてためた金で買ったバイクを売り飛ばして、調理師学校の入学金を拵えました。

調理師免許を取り、知り合いの鉄板焼き屋さんのところで働いていましたが、時代はバブル期が到来していました。ものすごく景気がよかった。あるとき、従兄が「板前やるんなら鬼怒川に来い」と言ってくれたんです。鬼怒川温泉も全国屈指の温泉地として、関東を中心に全国から客が押し寄せる黄金時代を迎えていました。

鬼怒川なら、釣りも鉄砲ぶちもできる。鬼怒川に行こうと決めました。ぼくの人生の大きな転機でした。今度は給料をためて買った新車を売り飛ばして、転居の資金を拵えました。22歳でした。

念願の狩猟人生がスタート

従兄の紹介で、ぼくは鬼怒川観光ホテルの寮に入り、働き始めました。そのホテルの料理長だったのが、崎谷《さきや》さんという人で、その人も猟や射撃をやっていたんです。のちにぼくは崎谷さんを師匠と呼び慕い、一緒に狩猟や射撃をするようになりました。

「親父が一度こちらに遊びに来てくれたことがあったんです。だけどそのころのぼくは仕事がとても忙しくて会えなかった。親父はぼくが働いているホテルの前まで来て帰っていったとあとから聞きました。それから数年後、親父は死んでしまった。あのとき親父と会って案内できていたらと、とても後悔しています」

昭和53年に銃を持ち、狩猟免許を取得。ようやく猟師としての修業が始まりました。崎谷さんは鳥猟犬も飼っていて、休みの日には朝早くから崎谷さんと一緒に犬を連れて山に入りました。そのうち犬もぼくになついてくれたので、やがて崎谷さんが足腰がダメになって山に入れなくなってしまっても、この犬を連れて猟に行ったものです。

当時の猟といえば鳥で、おもにヤマドリでした。シカはまだ、鬼怒川温泉の周辺にはあまりいませんでした。

ヤマドリ猟の楽しみは、犬とのコミュニケーションです。朝夕、水を飲みに沢に降りてくるヤマドリは、ぼくたちの気配を感じると、やぶや窪みに身をひそめ、人間からは見えなくなり、気配を消してしまいます。それを犬がにおいで見つけるんです。犬はヤマドリのいるほうをにらみ、微動だにしません。これをぼくたちは、犬が鳥のポイントを押さえるという意味で「ポイした、ポイした」と言っていました。

ぼくが銃を構えて準備が整い、「よし」と言うと、犬がヤマドリに飛び掛かります。驚いたヤマドリはこちらに向かってザーッとすごいスピードで滑空して、山を下ってく

ヤマドリのオス。狩猟ではメスの捕獲は禁止

る。これを「ヤマドリの沢下り」と言っているんですが、ぼくたちはそれを撃つんです。それがおもしろくて、楽しんでいました。

もちろん獲れない日もあります。当時はヤマドリは一日に2羽までと決まっていましたが、2羽どころか全然獲れない日だってありますよ。犬とコミュニケーションをとって一緒にやるのが楽しかったんです。

やがて、ぼくも猟犬を飼うようになりました。3～4頭くらい飼って、鳥の猟は十数年くらいやりました。そのころには仕事場も現在のホテル（当時のホテルニュー岡部）に移りました。崎谷さんが料理長になり、ぼくを一緒に引っ張っていってくれたんです。バブル黄金期の真っただ中で、調理場には料理人が30人以上働いていました。仕事が楽しくて、夢いっぱいの時期でした。

昭和63年、散弾銃を持って10年が経過。ぼくは所帯を持ち、子どもも生まれたので家を建てて、ライフル銃も持ちました。シカはまだ、このへんにはあまりいなかったので、日光へシカ猟に出かけていましたが、そのころはメスのシカを獲ることは禁止されていました。（当時の鳥獣法では、狩猟資源を守ることを目的として、メスジカの捕獲を禁止していた。結果的にはシカの増加を招く一因となった）

シカが獲れる場所がまだ限られていたので、日光には大勢の人が猟に押しかけてき

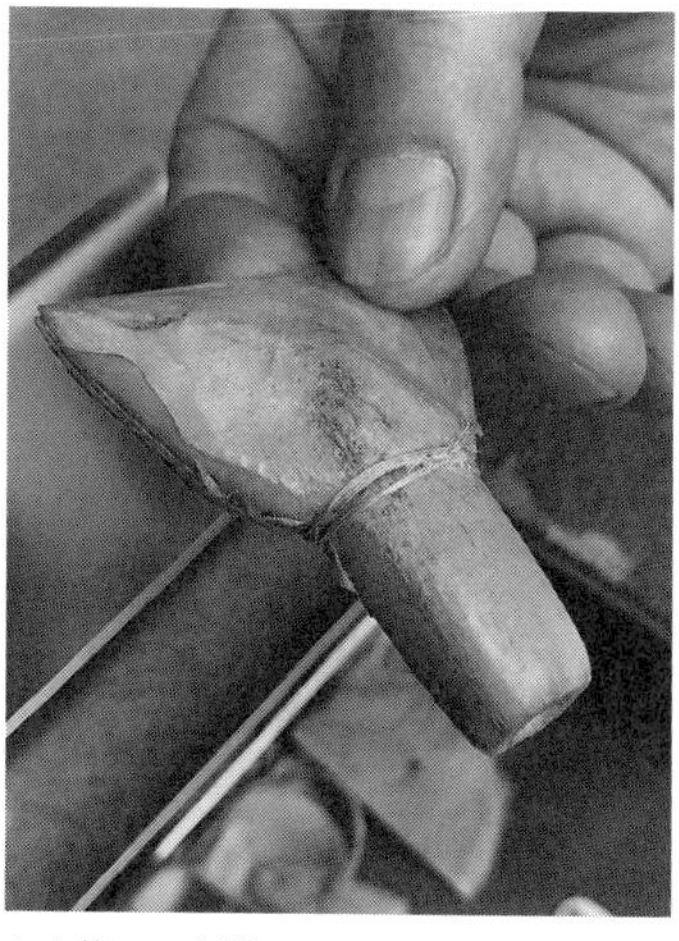
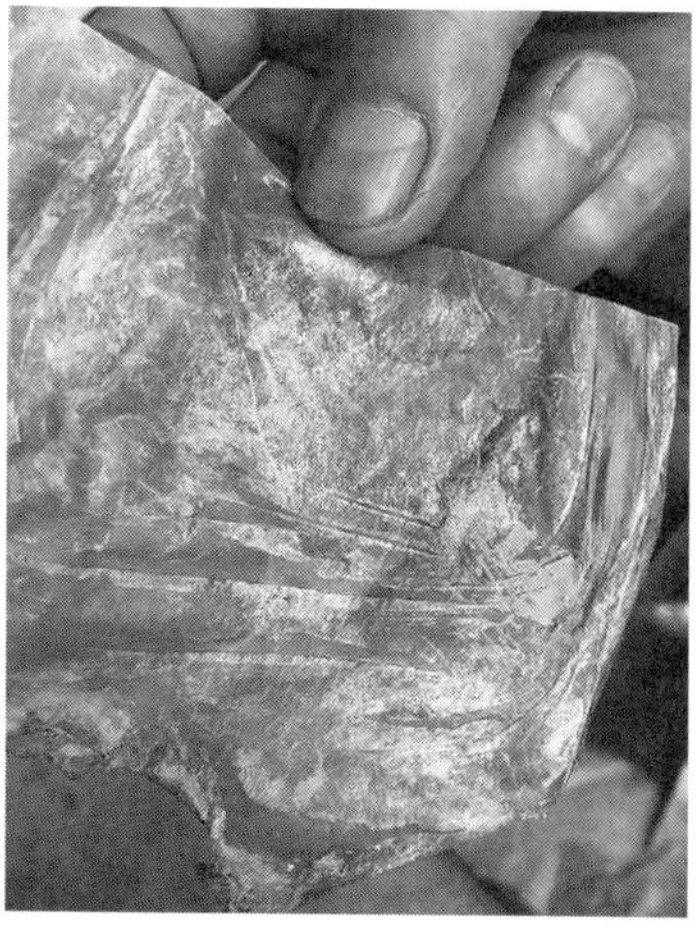

シカ笛。シカ猟で、シカをおびき寄せる伝統的な道具。シカの角で作り、周囲にシカの胎児の皮を貼って使う

ていました。あまりにも人が集まっちゃって、弾が後ろから飛んでくる。それがもう、怖くて気持ち悪かったです。

その後、高原《たかはら》、三依《みより》、鶏頂山あたりにもシカが出るようになったので、日光で巻き狩りの場所取り争いをするのはやめて、そっちに行って猟をやるようになりました。同時に、シカの獲れる数がどんどん増えていきました。

ぼくはホテルで料理人をしていますから、週末は休みが取れない。本来の巻き狩りは、猟場によるんですけど、だいたい10人程度の大人数で行うものです。ぼくの場合は、平日に休みが取れる人たちと3～4人程度の小さなチームをつくり、犬を連れて巻き狩りをしていました。

鳥獣の経済的価値

戦前、このあたりの家々では鉄砲を持っている人もいたそうですが、戦時中は、鉄砲の供出を余儀なくされたと聞きました。ところが全部の鉄砲は手放さずに、隠し持っていたそうです。そしてわなも使いながら、猟を続け、鳥や獣を獲って食って食糧難をしのいでいたと、おじや従兄が言っていました。

獣は食料だけではなく、金になりました。昭和24年〜25年ごろまでは、タヌキやリス、テンの皮が売れました。人々にとっては文字通り「生活の糧」だったのです。

ちなみに昭和45年当時、つまり従兄が狩猟をしていた時代ですが、地元の旅館の料理用に、めったに獲れないシカが非常に高く売れたそうです。シカ1頭につき、10万円から20万円の売値がつき、さらに解体してあげると1万円が上乗せされたといいます。しかもクマは1頭50万円。当時の大卒初任給が3万円くらいでしたから、大変な金額ですよね。

シカ肉は低温調理で

地元ホテルで料理人をしていますし、いろいろな獣肉料理を作ってきましたが、ぼくが一番好きな料理は、「シカ肉の塩コショウステーキ」。

シカは鉄分があるので、その味わいの特徴を生かします。肉の芯の温度がだいたい70度から75度になるように、温度を低く抑えながら、火を通していきます。何度も火をつ

シカの解体

けたり止めたりを繰り返し、余熱で低温加熱をするのがコツです。

シカ肉のマリネもおいしいです。肉をできるだけ生っぽい食感を出すのに、薄切りのシカ肉を低温で処理したあと、さっと湯通しします。

マリネのたれは、そばつゆのたれを砂糖で少し甘くして、それから酢を入れ、ひと煮立ちさせたものに、とろみをつけてつくります。その中に、湯通したシカ肉をよくしぼって水分を取って放り込んで、漬け込みます。シカ肉に甘酸っぱいたれがよくからみ、おいしく食べられますよ。

すね肉などは、チャーシューを煮るように甘辛く煮たあと、ほぐしてマヨネーズをつけて食べると、いけますよ。わが家の子どもたちも好きだったな。

焼肉にする場合は、固くならないように、肉をよくたたいておくことです。

いまはやっていませんが、むかしはよくレバーを刺身にして食べていました。肉がおいしいのは夏の終わりごろで、オスがふける（発情期に入っていること）前の状態が、脂がのっていてうまいです。

畏敬の気持ちを

18年前にわな免許を取り、平成22年には鳥獣管理士の資格を得て、ぼくは狩猟だけの世界から、野生動物保護管理の世界に移行しました。現在は、県に協力して「狩猟初心者研修」や、若く新しい狩猟者を増やすための「狩猟ＰＲ講座」、県内全域の小中学校に赴いてクマの生態やクマに出会わないための工夫をわかりやすく伝える「クマレクチャー」の講師をしています。ぼくの話はただ資料だけを読んで発表しているのではなく、知識と経験に基づいて工夫し、できるだけわかりやすく説明することを心がけています。

先日、環境省が主催する若手狩猟者育成のプロジェクトの一環として、「マンツーマン狩猟者育成プログラム」の講師を全5日間、担当しました。いかにして現場を効果的に見せることができるか、心を砕きました。新型コロナウィルスの影響で多少の準備不足はありましたけれども、最善を尽くしたという自負があります。

平成23年の福島第一原発事故の前後に、多くの仲間たちが狩猟をやめていきました。

環境省が主催した「マンツーマン狩猟者育成プログラム」で、若い狩猟者に対してわなのメンテナンスについて解説している杉本さん

それにはさまざまな要因が一度に重なりました。当時は報奨金制度もありませんでしたし、なによりも事故の影響で獲った肉が食えない。それで楽しみがなくなって、やめてしまいました。

いまは報奨金が出るようになり、お金のために狩猟を始める人ばかりが増えました。みんないい関係で狩猟をしていたはずなのに、お金がからんですっかり関係が悪くなってしまいました。猟法のバランスも変わりました。銃所持者の高齢化が進むと同時に、初心者でもやりやすいわな猟の人口が増え、銃猟が少なくなったんです。

つまり、普通に会社勤めの人が小遣い稼ぎに土日だけいきなり、ハンターをやる。「それでいいじゃん」という感覚で免許を取るんですね。この

「一番好きな猟は忍び猟です。ひとりきりで山に入ります。自分の存在を消して、獣の気配が現れるのをじっと待つ。それが好きなんです」

ような人たちは、免許を取得したあとに「なわばりがあるから狩猟ができない」と文句を言いだします。

どんな山奥にも、どんな場所にもコミュニティーは存在します。ぼくたちが、先人が守り抜いた山と環境をきょうまで引き継いでこられたのは、このコミュニティーのおかげなんです。

そしていまの狩猟がある。

たしかに、なわばりはあります。しかし、そこを超えて入り込むためには、畏敬の気持ちが必要なんです。ぼくが横浜から来てこの世界に入ったとき、それがありました。

残念ながら、いまの若い狩猟者の感覚は、サバゲー（サバイバルゲームの略）の延長です。免許と道具さえあれば、狩猟なんか初めからひとりでできると思い込んでいます。ところがそう簡単にはいかないから狩猟登録をせず、さらに免許更新に至らず、狩猟をやめることになる。狩猟者として長く楽しみたいのなら、先輩の狩猟者から教わらなければならないことがたくさんあり、コミュニティーに溶け込む必要があります。いま、ぼくはその大切さを伝えようと、がんばっているところです。

くくりわなの設置をする杉本さん

これがぼくの人生です。後悔したことはないかって？　後悔していません。別の人生は考えられません。栃木に来て自然に親しみ、狩猟をやって、本当によかったです。

猟師伝コラム

鉄砲売渡之証

栃木県猟友会が発行した「50周年記念誌」に、興味深い資料がある。当時の北那須支部長だった人見等さんが寄稿したもので、このような写しが掲載されている。冒頭の文言は下記の通り。

「(前略)—故障はないが、万が一故障していれば、値段を差し引きします。その際はご

「鉄砲売り渡しの証
一 村田銃 一挺
ただしケース八本付き
この売り渡し代金
四円五十銭なり」

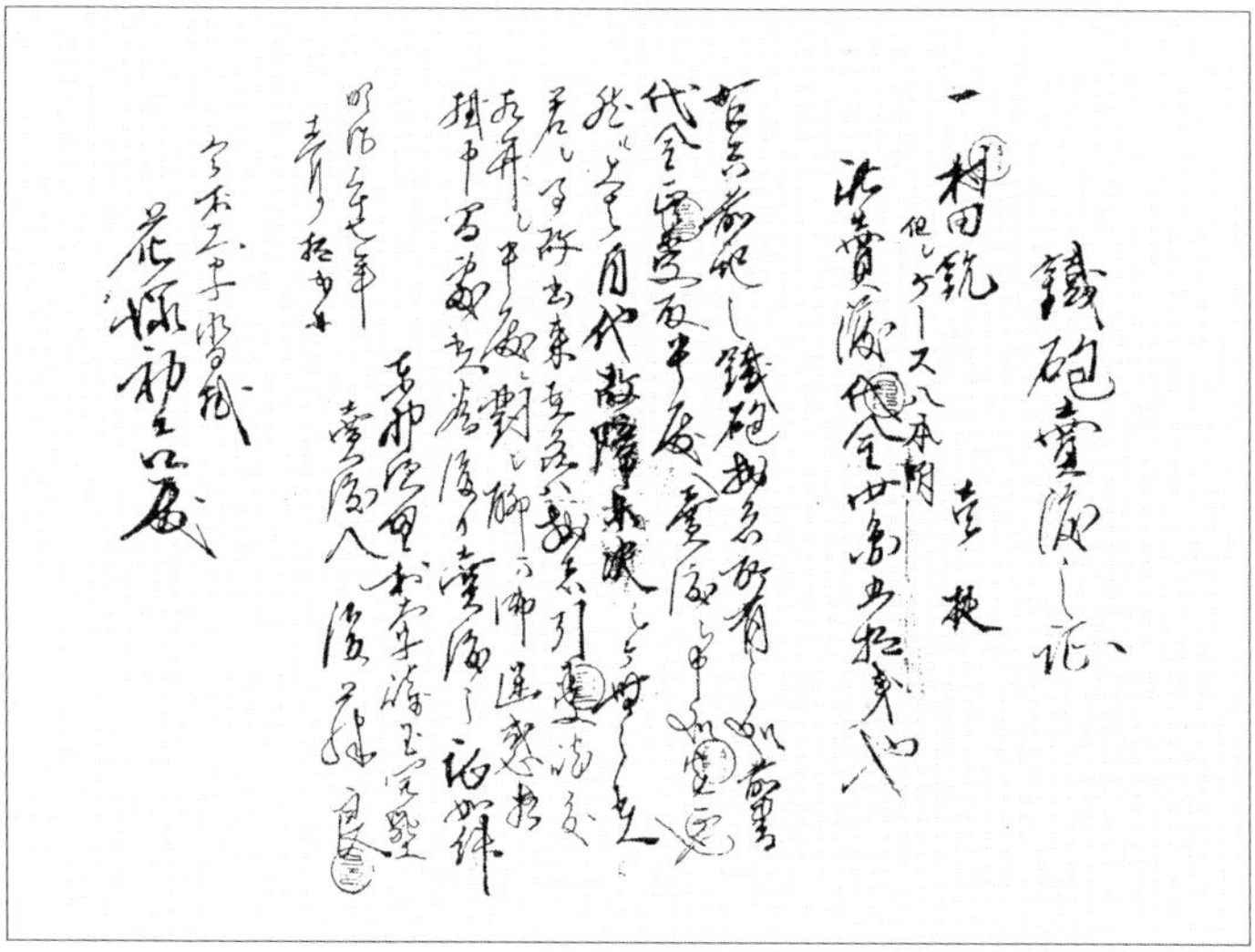

鉄砲売渡之証

一　村田銃　壱挺

但シケース八本附

此売渡代金四円五十銭也

右者前記之鉄砲拙者所持之処前書
代金正ニ受取貴殿へ売渡シ申処実正也
然ル上者自他故障等決シテ無之有候
若シ事故出来■■ハ拙者引受■度
相弁シ貴殿ニ対シ聊■（か？も？）御迷惑相
掛申間敷候為後日売渡之証如件

明治三十七年
壱月十二日
東那須野村大字崎玉開墾
売渡人　後藤良

仝村大字沓掛
花塚初吉殿

（■は解読不明）

（翻刻・木村真理子氏）

迷惑おかけします―（後略）」という意味の但し書きが付け加えられている。

明治37年といえば日露戦争が開戦した年だが、当時はまだ三八式歩兵銃はなく、鉄砲といえば村田銃だった。寄稿した人見さんは「中古ものではないか」と分析しており、さらに「ケース8本つきというのは、おそらく真鍮ケースであり、その但し書きが興味深い」としている。なお、ケースとは薬莢のことである。

人見さんによれば、「譲り受けた代金が4円50銭に対して、当時の米一俵（60キロ）の値段が4円36銭とあった。現代は精米済みの白米が30キロあたり1万円から1万5000円程度だから、60キロでは消費税込み3万円といったところか。この猟銃の代金が妥当なものかどうかは、読んだ人が判断してください」とのことだ。

三章

狩猟譚異聞

イノシシは体をバックさせると、もう一度突っ込んできた

幼いころから狩猟に親しみ、八溝山系から芳賀をフィールドに、鳥猟や大物猟をおこなってきた。同時に、戦中戦後の狩猟の歴史や狩猟者を知る数少ないハンターでもある。猟にまつわる数々のでき

芳賀郡茂木町茂木在住

稲葉《いなば》　一夫《いちお》 さん

昭和16年（1941）12月15日生まれ

栃木県猟友会茂木支部長。元郵便局勤務。午前中は自分が仕掛けたわなの見回りをして、わなのある農家の依頼があれば、獲物の止め刺しに出向くのが日課。

令和3年（2021）8月21日取材

ごとや事件を見つめてきた。

文具店やスポーツ用品店で銃を売っていた時代

いまは茂木の中心部に住んでいますが、ここはもともと妻の実家だった場所へ移り住んでいます。わたしの家はここから2キロ離れた、三坂《みさか》というところにあります。そこが実家で、生まれたのもその家です。現在は空き家になっています。

家には8人がくらしていました。家族構成は、夫婦二組とその家族、あとはおじいさん。そのおじいさんは地縁血縁がありませんでしたが、農作業の手伝いでうちに来て、そのまま住んでいたのです。結婚せず家族も持たず、家も持たない。農作業で生涯を終える。むかしはそのような人生を送る人も、珍しくありませんでした。

明治12年生まれの祖父は、日露戦争で出征しました。復員後は小さな集落の小学校で、子どもたちを教えていました。第二次世界大戦の終戦直後、そのころはもうかなり年老いていましたが、祖父は遊びで狩猟を始めました。家には銃がないため、親父が古い村田式銃を見つけてきて、買ってやったそうです。

親父は大正3年に生まれました。親父も狩猟をしていましたが、始めたのはやはり歳をとってから。50歳を過ぎて60歳手前のころ、「おれもやってみるかな」と猟を始めました。

そんなわけで、わたしが物心ついたころには家に鉄砲があり、いつも押し入れの中にしまってありました。小学校に入る前には、鉄砲をちょっと持ってみたりしていました。いまみたいに武器庫で厳重に保管なんかしていませんでしたし、文房具屋さんやスポーツ用品店で、空気銃や散弾銃を売っていたんです。それも、傘立てのような入れ物の中に、銃が無造作に刺さっていました。

小学校5年生のときに、わたしの同級生が親に小さな鉄砲を買ってもらいました。その子の家は三坂の集落でも有数の裕福な農家で、人を雇うくらいのお金を持っていました。それで一緒に山を歩いて、その銃を貸してもらって、鳥を撃っていましたよ。スプリング式の空気銃でした。

獣肉は清水に冷やして保管していた

終戦直後は、食糧難でとても厳しい時代でした。うちは農家でしたが、米を供出しなければならず、家に残る米は限られていました。ただ、ある程度の米はどの家でも隠し持っていたので、食べるのに不自由はしませんでしたが、さすがに白米だけのごはんは食べられませんでした。だって「世間の眼」がありますす。もしそんなことをすれば、たちまち周囲に知れ渡り、後ろ指をさされてしまいますからね。

そんな時代でしたから、野生の肉は貴重な食料でした。鳥類は、当時はまだキジやヤマドリがけっこうたくさんいました。汁物のだしに使い、うどんと食べていましたね。このあたりでむかしから食肉として獲れた獣は、タヌキやムジナ（アナグマのこと）です。キツネは獲りませんでした。もし獲れても、食肉としてはにおいがきつくて食べるのに向いていませんね。

獣が獲れたらまず皮を剥ぎ、それから、山から田んぼに流れてくる清水に冷やしてお

アナグマ。「ムジナ」と呼ばれていた

タヌキ

きます。そうすると、特有のにおいが抜けます。その後、塩漬けやしょうゆ漬けにして保存し、食べるときに塩抜きをしました。むかしは冷蔵庫がなかったですからね。

タヌキやムジナはいまでも珍味として人気が高いらしいですね。ムジナは普通は他県で捕獲できますが、現在の栃木県では、捕獲が禁止されています。

ブリーダー委託制度があった

第二次世界大戦中は、犬の毛皮を軍の防寒具に使うため、飼っている犬を全部出せと命令されました。大切にしていた猟犬も供出しなければなりませんでした。それで街中から犬がいなくなってしまいました。

戦後しばらくして、お金のある人から猟犬の購入を始めました。昭和30年が過ぎたころです。昭和30年代後半にはポインターなどを飼いたがる人が増え、県の猟友会でも繁殖のお願いをするブリーダー委託制度を開始しました。生まれた子犬を生後2カ月まで育てて、その後は飼育を希望する狩猟者に譲るというシステムです。これが行われていたのはわたしが猟を始める少し前のことで、昭和40年ごろには、狩猟犬には困らない環境になっていました。

わたしが狩猟免許を取得したのは昭和41年で、25歳のときでした。狩猟を始めた当初は、犬を飼っている先輩にくっついて、狩りに連れていってもらいましたが、みんな鳥を獲りたいという気持ちが強すぎて、事故が多かったんですよ。たとえば、弾を込めるのは獲物を撃つ直前でなければならないのですが、常に弾を入れていないと怒られました。「急に（ヤマドリが）出たら、どうするんだ！」って。

昭和50年代、茂木の町田地区にある師匠の家で巨大イノシシを解体

むかしの猟銃は小口径で、火薬量も少なかったので、撃つときは確実に発砲し、弾は大切にすることを最優先していました。いまは鳥撃ちといえば犬に追わせ、飛び立ったところを撃ちますが、むかしは餌場で待ち伏せておき、それを食べに出てきたところを撃つ「居《い》獲《ど》り」という方法を用いていました。

その後自分でも犬を飼い、鳥撃ちを10年間やりました。昭和53年にライフルを買って、大物猟に移りました。それ以来、イノシシ猟一筋です。

帰ってこなかった追跡犬

終戦直後の日本で生息していたイノシシは、日本産の原種のみでした。昭和50年ごろ、栃木県内には八溝山系の純粋な在来種だけが生息していました。

そういえば、当時はこんなことがありました。

昭和55年ごろ、桐生で猟をやっていた人がいて、「自分の犬を使って、栃木県内でイノシシ猟をやってみたい」という申し出がありました。「では、有害駆除の際に来県して、試しにその犬を使って追い出してみてはどうか」と答え、受け入れたことがありました。その人はお金持ちで、当日はプロットハウンドという輸入した追跡犬を2頭、連れてきました。実際に見たら黒光りしていて、それはもういい犬でした。

ところが、犬が帰ってこなかったのです。探して見つけた犬は、沢にいました。その日は夏で暑く、身体を清水に浸し、冷やしたのでしょう。しかし、あまりの水の冷たさに心臓麻痺を起こして、死んでしまったのです。本当にいい犬だったから、残念でしたね。

被害から許可まで二週間も

わなの免許を獲ったころは、まだ一般的ではなかったので、道具が高かった。九州のほうから5丁ほど取り寄せましたが、1丁が2万5000円もしました。でも、よく獲れましたよ。

そのわなを使って有害駆除もしましたが、わな免許を取った当時は、有害捕獲許可は県に申請しなければなりませんでした（現在は許可権限は市町村に委譲されている）。

このころは許可が出るまで時間がかかりました。いまの県の環境森林事務所が林務観光事務所と呼ばれていた昭和末期のころです。

茂木で被害が出たことがあって、県から調査が来るまで一週間もかかった。それから捕獲許可が出るまで、さらに一週間も待たされたんですよ。

そんなにのんびりしていたから、イノシシはいなくなってどっかにいっちゃった。そ

平成元年 12 月、茨城県美和村（現在の常陸大宮市）で仲間たちと。今ではほとんどの人が亡くなっている。前列中央が本人

してこんどは、ほかの場所にそのイノシシの被害が出ちゃった。いまだったら被害が出ればすぐに捕獲許可が出ます。そんなこともあったんですよ。

イノシシのたてがみをつかんで大格闘

左手の甲に黒い部分がありますが、これは15年前、甲の全体が真っ黒になるまで出血したときのものなんです。

イノシシがわなにかかったので、師匠のハンターと一緒に、止め刺しに行ったときのことです。イノシシは人間の存在にすばやく気づきました。こちらに向かってすごい勢いで突き進んできました。ところが、わなのスプ

くくりわなで捕獲したイノシシ

リングが1.5メートル、長くても2メートルしかないのに、どんどんこっちに来る。

「あれ？　ワイヤーがこんなに長いわけがないな。衝撃でわなが外れたか？」と考えたその瞬間、こちらに突っ込んできた。イノシシの頭をめがけて撃ちましたが、イノシシがドーンとわたしのひざに激突しました。

イノシシは身体をバックさせると、もう一度突っ込んでくる習性を持っています。鉄砲で槍のようにイノシシを突っついて、また突っ込んできたとき、わたしはイノシシのたてがみを思い切りつかみました。ふたたびひざに激突されたら、骨が粉々に砕け散ってしまうからです。鉄砲で撃とうにも、弾が止め刺し用の一発しか入っていませんでした。

わたしはイノシシのたてがみを離さず、イノシシと格闘をしていましたが、そうしているうちに、イノシシと一緒に斜面を転がり落ちていきました。

たてがみをつかまれて再突撃ができないイノシシは、今度はマリンブーツの上からわたしのすねにかぶりつきました。すると、口から血が吹き出てきて、ブーツが血まみれになってすべるようになった。さっき撃った弾は頭を逸れてしまっていたんですが、肺に入っていたんですね。気づいたら、ぼくたちの後方には師匠がいて、「どうした？大丈夫か？」と言っているのが聞こえてきました。

そうこうしているうちに、ようやくイノシシの身体から力が抜けてきて、格闘は終わりましたが、このときにイノシシが左手にもぶつかってきたので、翌日から左手が真っ黒に腫れあがりました。幸い、骨折はしておらず、指も動きましたが、腫れが引くまではしばらくかかりました……。

「ぶちあげ」という密猟

茨城県との県境に山がけっこう深い場所があり、そのそばで密猟者がいました。農家のじいさんで、自分が作った胴くくりわなを「ぶちあげ」と呼んでいました。

どのようなものかというと、竹やぶなどの中のけもの道に、通ったイノシシの身体をくくるわなを仕掛けます。立木を切って根っこをつけたままにしならせておき、そこにわなをつけておく。しなった反動をバネとして利用するんです。獲物がかかったときにはね上がり、獲物を捕まえたワイヤーがきつく締めあがり、逃げられないというものです。

くくりわなを仕掛けたら、毎日しっかり見回りをするのがプロですが、こういう人は素人なので見回りもおろそかにしますし、かかった獲物を腐らせることもあります。人間がひっかかったこともあるんですよ。

だけどその密猟のじいさんは、大いばりで「ぶちあげが一番いいんだ」などと吹聴していましたが、もう亡くなりました。

平成 20 年ごろ。旧中川村（現在の茂木町牧野地区）にて

いたましい事件

銃の事故は、むかしはとても多かった。特に猟期は日常茶飯事でした。事故が起きるたびに法が改正されて厳しくなりますから、当時は事故が心配で、事故がなかったかどうか、新聞で毎日確認していました。

もうかなりむかしのことですが、悲しい事件がありました。わたしの実家がある三坂の集落で諍《いさか》いがあり、ふたり撃ち殺してしまった。撃った人は草むらに隠れて自殺しました。その人はもともとお金に不自由をしていなかったのですが、自分ががんを発病してしまったことで金銭が必要になり、「お金の都合をつけてくれ」と無心したんです。その後言い争いになって、自暴自棄になってしまった。どちらも親父の遠い親戚で、子どものころからよく知っていました。しかもどちらもわたしと一緒に猟をやっていた。事件後は警察などが来て、とても大変でした。

いまはもう楽しくない

現在は、農家からイノシシの捕獲依頼を受けて、年間30頭は獲っています。

いまは猟が楽しくないです。

鳥撃ちをしていたころは、楽しかった。鳥を見つけた犬がぱたっと止まり、じっと待っているところを、「行け」と合図します。すると、大きな唸り声をあげて飛び掛かっていく。気づいた鳥は驚いてパーッと飛び立つ。そこをパーンと撃つ。その掛け合いが楽しかった。

いまはもう、鳥はやりません。撃つのがかわいそうになったからです。いまは鳥を見ると「ああ、きれいだな」と思うだけです。

イノシシも心が痛みます。ウリ坊の、まだ授乳期の子どもに出くわすときがつらい。有害駆除は一年中やっているので、出産前の母イノシシを仕留めることがあるんますが、子どもはすぐに生まれないんです。生まれるまでとても時間がかかる。止め刺しをしたあとも生まれるんです。その眼も開いていない子どもが、母の乳を吸いに来るんです。これはいやです。わたしはつらいです。

猟の先輩たちはみんな10歳も20歳も年長で、みんな死んでしまった。有害駆除も、ここまで来るとね……。

「わな猟の免許を取る人が増えているけど、そう簡単に獲れないから多くの人がやめていく。まぐれで獲れたとしても、銃がないから自分で止め刺しができない。結局、わたしたちが協力するしかない」

カワウは潜水艦みたいに、頭だけ出して逃げていきました

本書で取材した狩猟者では最年長。一時期、那珂川ではカワウによるアユの食害が急増し、カワウの駆除に力を注いできた。

一般向けに、獲れた肉の試食や販売の機会を増やすなどして、狩

那須烏山市野上在住

水井《みずい》 守《まもる》 さん

昭和3年（1928）8月21日生まれ

元郵便局勤務。元栃木県猟友会南那須支部長。健康の秘訣はグラウンドゴルフで、8ホール中ホールインワンを3回達成。日本グラウンドゴルフ協会からダイヤモンド賞を受賞した。

平成28年（2016）6月12日取材
令和3年（2021）8月28日追加取材

ちんちんわな。水井さん作

猟の文化を広く知ってもらう必要があると考えている。

猟の原点「ちんちんわな」

家は農家でした。女5人、男3人の8人きょうだいで、わたしは2番目に生まれました。狩猟をやってみたいと思ったきっかけは、子どものころに自分で作ったわなで、アカチット（ホオジロのこと）を獲っていたんです。

わなは、2メートルくらいの長く細い木の枝とひもを使って作ります。これを「ちんちんわな」と呼んでいました。稲の穂を差し込んで鳥が食べられるようにしておき、やってきた鳥の脚がうまく挟まるように考案したものです。

これで獲れたアカチットを使って、母がそばのつゆを作っていました。「アカチットはおいしいだしが出るんだよ」と言っていました。それでわたしも、もっといろいろな獲物を獲ってみたいと思うようになりました。

家族や親せきの中で誰も猟をしていませんでしたが、近所では猟をしている人がいました。

卒業式の途中で防空壕に逃げた

子どものころは学校の先生になりたいと思っていました。戦前の学校は尋常小学校、高等小学校がありました。卒業後は村の農家の子どもたちが行く青年学校という中学校と同等の学校に、一年間通いました。

時代は第二次世界大戦の真最中でした。それで海軍少年兵を志願したんですが、肺活量が足りなくて、合格しませんでした。そこで勧められたのが、当時の逓信《ていしん》省管轄の教育機関「逓信講習所」で、わたしはそこへ行くことにしました。

学校の場所は東京の港区麻布にありました。吉祥寺に寄宿舎があり、そこから麻布まで通って学びました。

期間は一年でしたが、戦局が激しさを増していたため、9カ月間で繰り上げ卒業になりました。昭和19年12月27日に執り行われた卒業式の日を、いまも鮮明に覚えています。式の途中で空襲警報が鳴りだしました。わたしたちは慌てて建物の外に飛び出し、隣りの公園にあった防空壕に身をひそめました。その後空襲警報は解除されましたが、卒業証書をもらったのは午後1時を過ぎていました。それから汽車に乗って郷里の烏山へ帰りました。

逓信講習所の卒業後は、烏山郵便局に奉職しました。通常なら宇都宮郵便局の電信係に勤めることになっていたのですが、わたしは烏山に帰りたかったので、お願いして、勤務地を烏山に変えてもらうことができました。仕事内容は、モールス信号の電報係でした。

薬局で銃や弾薬を扱っていた

ほかの市町村では違うようですが、当時の烏山は、「関薬局」という薬屋さんが銃や弾薬を取り扱っていました。戦後、わたしは郵便局で働いていたんですが、ある日、関薬局の岡本さんという人が郵便局の窓口に来ましてね。こう言われたんですよ。「水井さん、鉄砲やってみないか?」それが狩猟免許を取る契機になりました。昭和39年に免許を取り、狩猟を始めました。

そのころは、猟銃関係は現在ほど規則が厳しくなかったと記憶しています。免許を取ってすぐに鉄砲を買って撃つようになったんだけど、最初は全然当たらなかった。いままで鉄砲で射撃をしたこともなく、初めてのことだから、なかなか命中しなかったんです。それでもむかしは鳥がいて、獲れました。ヤマドリ、キジ、コジュケイがよく獲れました。コジュケイの肉は、キジに似ていておいしかったです。

当時の狩猟はいつも、烏山の町内から茨城のほうへ入っていきました。栃木県と茨城県の県境に境内がある鷲子山神社《とりのこさんじんじゃ》の近辺にはたくさんいたので、よく行きました。

その当時はまだ、イノシシはそんなにいなかったです。当時、西田さんという人がイノシシ専門で狩猟をしていましたが、年間で捕獲したのはせいぜい10頭程度だった。だから、たまに獲れたときは、もう大変でした。みんなで大騒ぎして喜び、肉を分け合っていたようです。

捕獲したイノシシ。153キロと大きすぎて、トラクターで山から引っ張り出した

帰ってこなかった猟犬

そのころ、茂木町でパチンコ屋さんを経営していた朝鮮半島出身の人がいて、その人がいい猟犬を飼っていたんですよ。それでわたしも猟犬を8頭ばかり飼っていた時期がありました。

ある日、猟のために、茨城県で犬を4頭ばかり放したんです。そのうち2頭は帰ってきたんですが、残りの2頭が帰ってきませんでした。翌日に探しに行ったとき、ガソリンスタンドで、駐在所の巡査が「黒い犬がヤギを殺した」と言っていたのを聞き、「その犬はわたしの犬だ」と思いましたが、すぐには見つかりませんでした。それから3日後に、やっと犬を捕まえることができました。

後日、地元のヤギを飼っていた人へ訪問し、犬が殺したヤギ2頭分を弁償しました。最初、わたしは「5千円で」と言ったんですが、先方は首を縦に振らない。仕方なく「2万円で」と言ったら、「わかった」と。それで2万円をお支払いしました。……そんなエピソードもありました。

カワウの駆除

わたしが南那須支部長になった当時は、カワウが那珂川に放流したアユを食べてしまうことが問題になっていました。

カワウはカラスの倍ほどはある大きな鳥で、アユを大好物としています。聞くところによると、カ

カワウ

ワウは一度にアユを800グラムから1キロほどは食べているようです。これじゃ、せっかく放流したアユは減ってしまいますよね。

そこでわたしのほうから那珂川南部漁業協同組合に、「駆除をしたほうがいいんじゃないか」とアドバイスして、カワウの駆除を行うようになりました。

獲物をくわえて巡航するカワウ（栃木県自然環境課提供）

思い出すのが、ゴルフ場の烏山カントリークラブで、カワウのふんがマツの木の下に大量にあったことです。そしてそこで、死んだカワウが木に引っかかっているのを見つけました。

動物というのは不思議なものです。その場所で一度死んだものが出ると、その周りには寄りつかなくなるんです。死んでいだそのカワウは、マツの木をねぐらにしていました。後日、そのマツの木は伐採されました。

捕獲したカワウと水井さん

カワウは強靭な鳥で、一発命中したくらいでは死なない。川にもぐって、潜水艦みたいに水面から頭だけを出して、川の流れに乗って逃げていきます。地面や地上ならまだ探しやすいのですが、川に入ってしまうと見つけるのが本当に難しいです。川で死んだカワウを見つけて回収するのもひと苦労しました。

カワウの駆除は、7～8年くらい行い、年間で5～6羽くらい獲りました。仲間の中では年間10～12羽くらい獲っていた人もいましたね。

原発事故で変わってしまった

くくりわなの狩猟をしていますが、わたしは基本的にひとりでやっています。わなを仕掛けるところから、処理して埋めるまで。全部、ひとり。

まず鼻や脚など、ワイヤーでひっかかったのを取り除くでしょう。そういう作業も大変だし、穴を掘って埋めるのも大変なんですよ。掘った穴が浅いと、キツネが掘り返して食べてしまうんだから。

いまでは、イノシシをたくさん獲っても、獲ってからが大変なんですよね。那珂川町のイノシシ肉加工施設で引き取ってくれればいいんですが、それが原発事故でセシウムが検出されるようになってから、引き取ってもらえなくなりました。それと、風評被害のためにイノシシが売れなくなり、加工所にストックが増え過ぎたという事情もあります。引き取ってもらっていたときは、1頭につき、1キロあたり400円でした。

イノシシ肉の消費を増やすには、イベントをもっとたくさんやって、一般の人たちが食べる機会を作ること。そして狩猟について、みなさんが興味を持つきっかけを多く作っていくことがいいと思いますね。

東京の割烹料理店で高く売れた時代

むかしは、キジやヤマドリが獲れると、割烹料理店を営んでいた人たちが、引き取ってくれたんです。それも、なかなかいい値段で。むかしは仲買人がいました。わたしたちが獲った肉を買い取って、東京などへ流していたんです。キジやヤマドリをどうやって食べるとおいしいかって？　そばつゆに入れたり、ネギを加えて汁椀にする。最高のだしが味わえるね。「きょうはそばを食べよう」という予定を作って、獲りに行きました。

捕獲したイノシシを那珂川町の加工施設に引き取ってもらう。後ろに見えるイノシシ回収車のナンバーが「4429（シシニク）」

ゴボウは野生の臭みを消す

平成27年に、シカがわな猟で初めて獲れました。いままで獲れたことがなかったので、どこかの家で飼っていたシカが逃げて、それがわなで掛かったのではないかと思っているんです。

シカ肉を使った料理で簡単に作れるの

は、小さく細かく切って、焼きそばに入れる方法だね。レバーはうまい。焼いて食べます。でもやっぱり一番うまいのが脂身のある部位で、「ぼて鍋」もおいしいです。

野生の肉は、においが気になる人が多いね。そのにおいを取り除く方法があります。ボウルに擦ったゴボウに水を入れ、その中に肉を30分ほど浸すと、においがほとんど消えます。みそに漬ける方法もありますが、好みによりますね。焼肉にするのもいいね。ニンニクを使うとおいしくなります。肉が固い場合は、圧力鍋を使うと、たいていの肉は柔らかく食べられます。

「普通の人はなかなか狩猟を知る機会がありませんから、食べてもらうことで興味を持ってもらうといいですね」

猟師伝コラム

「薬局に鉄砲を買いに行く」

第三章の水井守さん、第六章の手塚藤一さんの話のなかでは、「鉄砲を薬局で買った」というくだりがある。

薬局で鉄砲が買える？　驚きと同時に素朴な疑問を持ち、水井さんに「猟師にならないか」と勧めたという那須烏山市の関薬局を訪ね、店主の関忠夫さんに話を聞いた。

関薬局の外観。向かって左側にショーウィンドウがあり、鉄砲が並べられていたという

この薬局はわたしの祖父が明治20年ごろに始め、わたしが三代目です。わたしの父の代のとき、たまたま従業員が猟をしていて、父に「烏山には鉄砲店がない。うちで鉄砲と弾を扱ってみてはどうか」と持ち掛けたのがきっかけだと聞いています。おそらく戦後すぐに取り扱いを始めたのではないでしょうか。わたしは昭和16年生まれなんですが、昭和26年ごろ、つまり10歳のころの記憶では、店に空気銃が売られていたことを覚えています。火薬は店先に置

関薬局の関忠夫さん。「薬局という理由で鉄砲や弾薬を扱っていたわけではないんです。たまたまなんです」

かず、厳重に保管していました。

20年前くらいまでは烏山でも猟をしている人が多かったのですが、次第に少なくなりました。現在もライフルと散弾銃の弾を扱っています。毎年猟期の前になると、弾を買いに来る人がいます。

矢板市の大谷《おおや》薬局でも銃や弾薬を扱っていましたし、茂木町ではむかしの油屋、現在でいうところのガソリンスタンドが売っていました。氏家（現さくら市氏家）では、駅前の金物屋さんが取り扱っていましたよ。銃や火薬を扱うので販売許可が必要ですが、売り物のひとつとして扱っていたようですね。

四章　鳥猟の世界

犬、猟、出会い…
自然からの贈りものです

犬を伴う鳥猟一筋の狩猟人生。「獣猟は鳴き声がかわいそうで一切やりません」鳥猟をしている一番大きな理由は、犬と過ごす時間が好きだから。

獲れても獲れなくても、どちら

下都賀郡壬生町安塚在住

佐藤《さとう》　秀夫《ひでお》 さん

昭和16年（1941）12月1日生まれ

会社経営。趣味は囲碁、キノコ採り、東北地方の秘湯巡り。プロ野球の東京読売ジャイアンツのファン。日本クレー射撃協会初段。日本棋院2段。

令和3年（2021）8月26日取材

でもかまわない。犬と一緒に喜んだりがっかりしながら、獲物を目指して協力して、遊ぶ。

「それが楽しいから、猟を続けていたいんです」

現在の猟のパートナーは、ポインターの「あいちゃん」。毎日夕方、自治体が流す時報の音楽に合わせて歌う。

犬とのコミュニケーションで最も大切なのは、スキンシップとほめてあげることだと話す。「あいちゃんの場合は、頭をなでてもらうことがとてもうれしいようです。ただなでるのではなくて、顔をよく見て、人間の言葉でほめながら、よくなでてあげています」

江戸末期から続く豪農

生まれた場所は、むかしの姿川村大字下欠（現在の宇都宮市下欠町）です。家は江戸時代末期から続く豪農で、村一番の大きなお屋敷を構えていました。わたしは5人きょうだいの末っ子で、一番上の兄とは18歳も離れていました。

祖父は釣りが好きで、小舟を持っていました。姿川に舟を浮かべ、趣味で漁もしてい

佐藤さんの父、忠親（ただちか）さん。写真は福島県の羽鳥湖にて、
昭和45年前後、忠親さんが70歳ごろ。いとこの山形勝巳さん撮影

ました。父も自然のものを獲ることが好きで、カモ撃ちもやったし、キジもやった。わたしが一番覚えているのがヤマドリ撃ちです。福島県の甲子温泉の前に森さんという人が牧場をやっていて、そこに10日くらい泊めてもらい、鳥猟をやっていましたよ。そんな父の影響で、猟をやってみたいと思って育ちました。

小学生のとき、学校から家に帰ってくる途中、川でカモがいるのを見たんです。5〜6羽くらいいました。

とっさに、家に父の鉄砲があることを思い出しました。急いで家に戻りました。父はいませんでした。無断で父の鉄砲を持ち出すことはいけないことだとわかっていたんですが、カモが獲りたくて仕方がありませんでした。そのまま鉄砲を持ち出して、撃ちました。

左がカルガモで右がマガモ（小堀大助さん提供）

そしたら、命中したんです。

撃ち落としたカモを持ち帰ろうと思いました。でもそれをすれば、無断で鉄砲を持ち出したことが父にわかってしまいます。考えた末、正直に話すことにしました。父は怒りませんでした。わたしの話を聞いたら、ゆっくりと静かにうなずき、「うん、わかった」とだけ言って、それで終わりました。不問に付してくれたのです。

警察官も楽しみにしていた「納猟」

いまは栃木県猟友会宇河支部の一部ですが、当時は姿川がひとつの支部でした。

毎年、猟期の最終日の猟は特別なもので、「納猟」と呼んでいました。その日は猟から戻ってきた人たちがわたしの家に集まり、夕方になると盛大な宴を張りました。

この宴は地域のおまわりさんも来ていたんですよ。毎年、この日をとても楽しみにしていたようで、村の人と一緒に囲炉裏を囲み、仲良く酒を酌み交わしていました。いまではまず見ることができない光景でした。

じつは、栃木県猟友会の監事だった山形勝巳は、わたしといとこ同士なんです。父の妹が山形に嫁ぎました。山形のきょうだいも全員狩猟をしていました。親戚ぐるみで狩猟をしていたんです。父だけじゃなくて、周囲の影響も絶大でした。

転職と念願の狩猟免許取得

社会人になると一般企業に就職し、営業職に就いて働いていました。そのころ、不動産会社を経営していた親族がおり、その息子が跡を継ぐために宅地建物取引主任者の試験を受けていたんですが、何年勉強しても受からなかったんです。そこで、試しにわたしが少し勉強して受けたら合格しました。それがきっかけでその不動産会社の仕事を手伝うようになり、10年間勤めた会社を辞めて、一緒に仕事をすることを

「自分で撃った獲物をさばいたり作ったりできないんですが、妻がおいしく料理してくれました」

決意しました。それがいまの会社です。昭和47年ごろで、わたしは30歳くらいでした。念願の狩猟免許を取ったのも、この時期でした。免許を取ってすぐに、南宇都宮駅付近の花園町に引っ越し、猟犬も飼い始めました。

時代はすでにバブル期の前夜を迎えており、全国で不動産開発がさかんに進められていて、「一億総不動産屋」と呼ばれていました。仕事は楽しいし、狩猟もしなくちゃならないし、公私ともに大忙しで、充実していました。

栃木県のほか、岩手県と福島県で狩猟者登録をしていました。岩手が大好きで、40年間も猟に通いました。もちろん山形ともよく行きましたよ。猟期の間に出かけては、4～5日滞在することを繰り返していました。一番よく通ったのが宮古市です。東北自動車道が開通する前は12時間くらいかかりました。ガソリンスタンドがないから、車にガソリンを積んで走ったんです。東北道が開通してからは、北上市や花巻市などにも行くようになりました。

宮古は大好きな場所でした。いい思い出がたくさんあります。あるとき猟に来たら、村中の人が総出で待っていてくれて、温かいもてなしを受けたことがありました。

　そこでは定宿にしていた民宿があり、数年ほどお世話になりました。朝、目が覚めるとキジの鳴き声が聞こえてきて、「あ、いるな」とうれしくなったものです。猟に行けば、キジやヤマドリが30羽くらい獲れたんですよ。

　獲れたキジは肥料袋にどっさり入れ、家に持ち帰り、ほしい人にあげました。ほしい人がけっこういて、飛ぶようになくなりました。

　福島県の冬の猟期は11月15日から2月15日まであり、雪が降るのを待って、正月早々に猟に出かけていました。会津方面へよく行きました。

犬の個性はそれぞれ

　南宇都宮の花園町にしばらく住んでいたんですが、狭い犬舎に犬を入れておくのがかわいそうで、もっと広い場所を考えるようになりました。探した末、現在の栃木街道（県道2号線）のバイパス沿いによい土地があり、購入して移り住みました。それがいまの家で、土地は約５００坪あり、犬が自由にのびのびと走ったり遊んだりできます。

これまで狩猟犬は10頭ほど飼ってきました。犬種や性別によって犬の性格は異なりますし、それぞれが個性を持っていますね。おおざっぱな犬もいれば繊細な犬もいます。過去に、ドイツポインターという犬種を飼っていたことがありましたが、その子は性格がきつかったですね。けんかっ早くて、犬同士の協調が難しかった。旧西那須野町（現在の那須塩原市）に東泉《とうせん》さんという狩猟者がいて、その人が飼っていた猟犬もつれて猟に出かけていたんですが、ケンカばかりしていて大変でした。

犬の寿命はだいたい14年から15年と言われてい

佐藤さんが飼っていたセッターの「テツ号」とは、楽しい思い出がたくさん残っている。写真は平成2年

ますが、実際に狩猟犬として使えるのは、10年程度です。10歳を過ぎると少しずつ耳が遠くなりますし、脚力も衰えてきます。自分で育てる場合は、早いほうがいいですね。生後2カ月〜3カ月くらいで犬舎から引き取るのがいいです。将来、意思の疎通が図りやすくなるからです。いまの猟犬の「あいちゃん」は、茨城県ひたちなか市にある犬舎で譲り受けました。ただ犬を見に行っただけなんですが、あいちゃんと目が合っちゃった。それで、もうダメ。そのまま連れて帰ってきてしまいました。

犬は人間にとってとてもよい友だちで、猟では大切なパートナーです。人間の言葉で話して聞かせているうちに、犬なりに理解するようになります。

現在佐藤さんが飼っているポインターの「あいちゃん」、8歳。写真は数年前、宇都宮市桑島の鬼怒川にて、キジ猟でポイントを押さえているところ。好物はソーセージ

訓練は毎日少しずつ

猟犬の飼育では、いろいろと気をつけなければならないことがあります。まず、栄養面。ドッグフードだけでは、スタミナが不足しがちです。普段の食事の中に、肉を混ぜて食べさせています。うちのあいちゃんは、基本的に人間と同じものを食べています。白米のごはんも食べています。

犬の清潔を保つことはとても大切です。うちの場合は週に一度はシャンプーをしてあげています。ブラッシングも欠かせません。わたしの経験では、セッターよりもポインターは毛足が短く、手入れが楽ですね。また、犬舎でふんを落としたまま、などということがあってはいけません。見つけたらすぐに片づける。朝晩は必ず犬舎の見回りをして、ふんがあれば片づけています。

猟に行けるようにするために、トレーニングもしなくてはなりません。いろいろな練習がありますが、鳥をくわえて運ぶための「運搬訓練」が重要です。木の棒にキジやヤマドリの羽をくくりつけたものを獲物に見立てて、持ってこさせます。一度の訓練でた

佐藤さんが仕留めたキジを回収して戻ってきたテツ号、ご満悦

くさん行う必要はなく、少ない回数で毎日繰り返すことが大切なんです。訓練は、猟犬が家に来てから二週間後には始めます。そうすれば、生後およそ半年前後で山に連れていけます。

銃の音にも慣れさせておかなくてはなりません。射撃場に連れていく人がいますが、あちこちから発砲音が聞こえてきますから、犬は驚いて混乱し、失敗します。ですから実際に猟を始める前に猟場に連れて行き、音を聴かせます。

銃による事故を防ぐために

狩猟者の中には、長い狩猟経験があるに

もかかわらず、銃の取り扱いやマナーをわかっていない人がいます。そういう人は獲物を前にすると、前後の見境がつかなくなり、野蛮人の本能だけになる。

　たとえば、わたしの仲間とキジ撃ちをしていたんですが、わたしが仲間の前を歩いているのにもかかわらず、わたしの後ろから、キジをめがけて発砲したんです。絶対にしてはならない、危険行為です。もちろんその場で注意しました。しかし発砲音による耳鳴りが数日間続きました。

　また、すぐに撃たないときの弾は、必ず脱砲《だっぽう》（弾を銃から抜くこと。安全のために、警察でも猟友会でも励行されている）しなければいけません。

　自動銃は3発入りますが、2発を使って1発だけ残している人がいます。しかしそ

射撃場にて

れは本当に危険なんです。弾を残していることなど、あとですっかり忘れてしまいます。それが原因で起きた銃の事故を、実際に目にしたことが何度もあります。車のダッシュボードや床をぶち抜いたり、わたしが座っていた助手席のドアをぶち抜かれたこともあるんですから。これはいやですよ。怖いですよ。

そこで、これから狩猟をやってみたいと思う若い人にぜひすすめたいのが、射撃場での標的射撃です。標的射撃では、銃の取り扱いやマナーなどが習得できます。銃に慣れておくことは非常に大切なこと。狩猟免許の取得条件に、射撃の訓練を義務付けるようにすれば、銃による事故が減るかもしれませんね。おそらくこのような事故はほとんどの狩猟者が体験したり遭遇していますし、予防策として射撃の有効性を考えている人もほかにいると思うんです。

うそのない自然界に魅せられて

狩猟を始めて、来年でちょうど50年を迎えます。半世紀のあいだ、うそのない自然界に魅せられて、しあわせな時間を過ごしました。そして狩猟を通して多くの人との出会

鬼怒川にて、当時の鳥猟の仲間たちと。後方にあるのは鳥屋（とや）といい、カモを撃つために仮設する小屋。前方の水面にデコイ（カモの模型）を浮かべ、飛来したマガモやカルガモを鳥屋の中から撃つ

いがありました。もちろんよい出会いばかりではありませんが、家族同然の付き合いをした人もたくさんいました。

狩猟はいまも楽しい。わたしにとって狩猟とは、心身の健康を保つ、とてもよい趣味です。動けるうちは猟を続けていきたい。できるだけ長く楽しみたいですね。身体が動かなくなってきたら、キノコ採りや自宅の果樹を育てたり、庭仕事をしながら、好きな囲碁でもやろうかな。

犬とのコミュニケーションは心を満たしてくれる

「狩猟は来年で55年目になります。先日、福島県への狩猟者登録のために県の猟友会宇河支部に行ったら、県外に登録する人は吉原さんが最年長だよと言われちゃった。50年経ったらやめよう

宇都宮市今泉新町在住

吉原《よしはら》 稔《みのる》 さん

昭和14年（1939）12月20日生まれ

昭和43年、27歳で狩猟免許取得。毎年5月、妻と北海道日高へ山菜採りの旅をすることを常としている。

平成28年（2016年）4月10日取材
令和3年（2021）9月4日追加取材

と思っていましたが、これがなかなか許されないんだわ」と笑う。
犬を使った猟を楽しむ。犬種はポインター、セッターが中心。累計で60頭以上の猟犬を飼育してきた。

父が長靴に皮を貼ってくれた

子どものころから、ものを獲ることに興味を持っていました。でも親父が、動物の殺生が大嫌いだったんです。親父が亡くなった翌年に狩猟免許を取ったんですよ。

高校時代、正月におそろしく雪が降ったことがありました。当時、わたしは今市に住んでいたんですが、そのときは30センチくらいは積もりましたね。そして二宮堀（江戸時代に二宮金次郎が日光神領に作った農業用水路のこと）沿いではいつも、ウサギの足跡がついていたんです。「ここにわなを仕掛けたらどうだろう?」と親父に話したら「獲れるわけないだろう」と言う。それでも獲ってみたくて、わなを仕掛けてみました。すると12カ所にしかけたわなで、７羽も獲れた。

これを見た親父は「肉よりも皮が貴重だ」と言って、皮をなめしてわたしの長靴の裏に貼ってくれました。それはもう暖かかったですよ。

いまでは毛皮で襟巻きなどを作ったりはしませんが、当時はとても高価だったんです。

栃木県の出犬者はハイレベル

わたしはずっと、散弾銃で狩猟をやってきました。ライフルは持っていないんです。散弾銃を持って10年経てば、ライフルを持つ資格が与えられるんだけれども、自分は持たない主義でね。猟友会の周辺支部の支部長でライフルを持たないのは自分だけで、警察が逆に「吉原さん、なんでライフルを持たないの?」って聞くんです。

イノシシ、シカ、クマなどは、散弾銃にスラッグ弾（一発の大きな弾体を発射する弾）を使っています。

昭和54年から全日本狩猟倶楽部の会員になりました。現在は、栃木県支部のジャッジ

平成５年、吉原さんの愛犬たち。左端がポインター、右３頭がセッター

をやっています。会員用の雑誌「全猟」には審査基準が掲載されていて、毎回熟読して猟野競技会の審査に臨んでいましたよ。

審査では、犬が人間といかにして協調性を持って走るかというのを、重視しています。人間のほうからあまり声をかけすぎても、犬の自主性を失ってしまいがちです。そこはとても気をつけて見ていますね。

審査の日は大変ですよ。朝7時から夕方4時まで歩きっぱなしなんですもの。それはもう、体力を使います。ジャッジは、もう10年以上も務めています。そろそろ辞めようと思っていて、辞める方向へ持っていっているつもりなんだけれども、なかなか辞めさせてもらえないんだなあ。（取材時の2年後に勇退した）

全国大会（全日本猟野競技会決勝大会）は、毎年静岡県の西富士で行われています。栃木県の出犬者は他県と比較して少ないんですが、レベルは非常に高くてね。各部門で栃木県は上位入賞を果たしているんですよ。

部門は、パピー（幼犬・生後1歳8カ月まで）、ダービー（若犬・生後2歳9カ月まで）、成犬（それ以上）の3部門に分かれています。血統書を提出して、非常に厳しい審査が行われます。たとえば、実際の年齢よりも低く詐称したり、交雑種でありながら犬種を詐称す

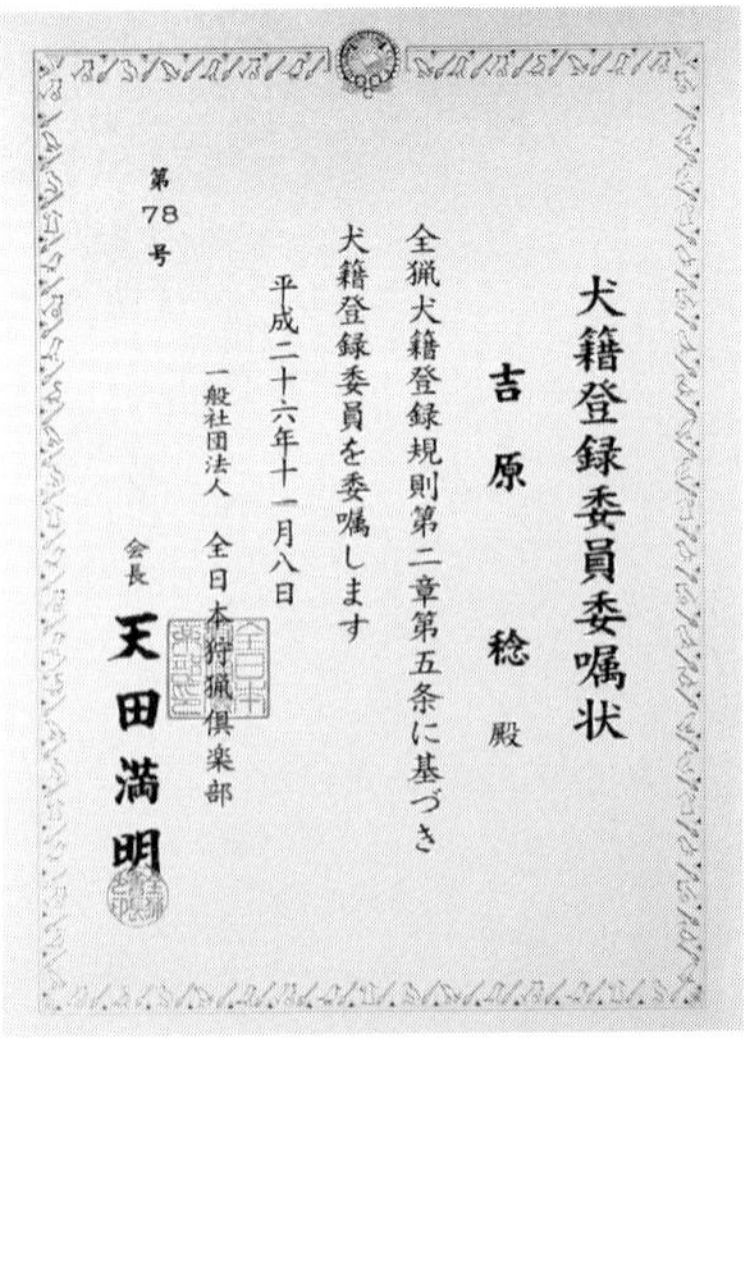
犬籍登録委員委嘱状

吉原　稔　殿

全猟犬籍登録規則第二章第五条に基づき
犬籍登録委員を委嘱します

平成二十六年十一月八日

一般社団法人　全日本狩猟倶楽部
会長　天田満明

第78号

犬籍登録委員委嘱状。吉原さんによれば、県内で10人程度がこの資格を持っているという

るなどして、違反が見つかれば、失格や除名になります。

審査会のジャッジをしている流れで、犬の血統を守るために「犬籍《けんせき》登録委員」という役割も担当しています。血統書のある猟犬は、１００％に近い確率で人間に従いますよ。しかし、残念ながら雑種は一代限りで、同じ性格は続かないんです。

犬を使ってシカやイノシシの猟をやる人のために、ビーグルの生育にも努めてきました。ビーグルはウサギの猟もいいんです。ポインターやセッターだと、追い鳴きをしてしまうから、あまり向かないんだよね。

山で人に会ったらまず会釈

最近は鳥がいなくなってしまってね、正直言ってほとんど猟にならない。福島県や岩手県などの東北地方に比べて、栃木県には山にかなり人が入っているから、猟をしたことで被害を出すことがないよう、細心の注意を払っていますよ。できるだけ人が少なくて山深い場所を選んで、猟を楽しんでいます。

銃だけを使うときは、イノシシやシカなど。犬を使う猟はヤマドリが多いね。キジバトは里山が多いから、(獲れなくても)仕方がないんだよね。

足尾で獲ったオスジカ。スラッグ弾1発で転んだ。近寄ると腹部と背のちょうど真ん中を貫通していた

林道を車で走っていて、対向車がきたら、まず先に止まる。山を歩いていて人に会ったら、必ずこちらから会釈をしています。ハンターとして、一般の人から悪い印象を持たれないよう、常に気をつけています。

ある山深い場所に小さな集落があり、川の水が少ししか流れず、とても浅いところがありました。土地の人によると、冬は雪が川の上を覆い、その間をヤマドリが雪洞を掘って、入ってくるらしいんです。それで犬に探させてみたところ、1回で5羽くらい獲れた。それが楽しくて、5年くらい通ったこともありましたよ。

犬種によって異なる役割や長所

犬の育て方、接し方には、自分なりに培ってきた法則があります。犬のことを1回叱ったら、そのあと5回はほめる。これが自分のやりかたです。イルカの調教のように、食べ物を与えて仕込む方法もあるが、犬はイルカよりもはるかに頭がいいと思いますよ。

狩猟犬にさまざまな大きさの犬種があるのは、理由があります。ビーグルの体高は35センチより大きくてはならない。それは、アナグマなどの小さな動物を追うには、小さな穴に入れないといけないからです。

また、犬種によって、「足跡臭」「体臭」のどちらかで見分けるか、変わってきます。おおむね体臭で見分ける傾向が強いのですけどね。

獲物のにおいに気づいて止まるときの距離ですが、ポインターの場合は、ほとんど常に同じ距離を保ちます。たとえばハトの場合は獲物から10メートルに近づいた場合。と

（吉原さん）「根気強く教えて、よくほめてあげることです。スパルタでいうことを聞かせても、ハンドラー（飼い主）がこわいだけ。猟場で逃げて帰ってこなくなっちゃうよ」

ころがセッターはまちまちで、ある瞬間に突然、地面に身体を沈める。それが、においを察知したときなんです。それから少しずつ、耳と肩がすっくと草むらから立ちあがってくる。そのまっすぐな凛とした身のこなしがとてもすばらしいので、わたしはセッターのとりこになってしまったんですよ。

なにかを教えたときに覚えるのが早いのがポインター。ポインターに比べればセッターは遅い。しかしセッターのよいところは、一度覚えたことは数年経っても忘れないんだよ。ポインターはすぐに覚えるんですが、すぐに忘れてしまうんです。

吉原さんと愛犬のサラ

7メートル先に、放鳥器に入れたハトがいる。犬たちがそこに全神経を集中させている。右がジョー、左がハリー

信頼関係が実を結ぶ喜び

福島県の柳津というところに、両側に山がそそり立つ沢があります。そこにセッター2頭を連れていったことがありました。

同行した人が、「こんなところで犬を放しても、両側の斜面を見てきたりはしないだろう」と小バカにしていました。

わたしは黙って2頭を放しました。すると、最初に沢の右側から山の八合目あたりまで登り、戻ってきました。それから今度は沢の左からすーっと登っていって、やはり同じように八合目あたりまで行ってきた。両側をきれいに見てきて、しかも片側1羽ずつ、合計2羽のヤマドリを獲ってきてくれたんですよ。

このようなときこそ、かれらと共通の目的を持って一緒に取り組んで、達成した喜びが分かち合えるんです。

自分にとっての狩猟のおもしろさは、ただ捕まえるだけじゃない。うれしいのは、犬たちとの信頼関係が実を結ぶとき。犬とのコミュニケーションは、心を満たしてくれるんだよね。

本当に生きものが好きじゃないと続かない

鳥猟をするには鳥がいないとできない。狩猟のかたわら、放鳥用の鳥を養殖しているのが中山さん。

一時期、乱獲のために山から鳥がいなくなったことから、養殖を

宇都宮市野沢町在住

中山《なかやま》 信一《しんいち》 さん

昭和24年（1949）6月25日生まれ

キジやヤマドリ、コジュケイなどの放鳥用の鳥を養殖。

令和2年（2020）9月19日取材

始めた。

「山へのつぐない。鳥を育てて山へ返したいという思いだった」

養殖の苦労や鳥猟を取り巻く環境の変遷について、中山さんから話を聞いた。

何年経っても難しい養殖

もともと狩猟は親父がやっていて、おじいちゃんもやっていたと聞いています。わたしはその後継ぎでやっているようなものです。

鉄砲の狩猟をやってはいたんですが、鳥がいないので自分で(鳥を)育ててみようと思い、50年くらい前に養殖を始めて、現在に至ります。

養殖は何年やっても難しいですよ。ことしも長雨が続いて大変だった。台風や、横から吹く風がとても多かったね。それが鳥たちにはよくなかったらしい。おそらく腹が冷えちゃうんだね。雨が止んだと思ったら、とんでもなく暑くて……。ことしはひな鳥がたくさん死にました。

わたしは宇都宮市の国本地区で、わなによるイノシシの有害捕獲をしているんですが、ことしはイノシシが少ないですね。箱わなをかけておいているんですが、かかっていません。箱わなには餌を置いておかないといけないんですが、その餌をタヌキに食われちゃう。だからタヌキ用のわなも、イノシシ用の箱わなのそばに置いているんですが、獲れるときは10頭くらい獲れます。ことしは2頭獲れました。ハクビシンも2頭ほど獲れたことがあります。

気性が荒いヤマドリ

県庁に、増渕忍さんという研究職の職員がいました。キジやヤマドリの養殖技術を確立した第一人者です。わたしは増渕さんに養殖技術を教えてもらいました。

立体孵卵器

キジの場合は、産卵から24日間でふ化します。立体孵卵器《りったいふらんき》でふ化しています。自動で一時間おきに傾きが変わり、卵全体を均等に温めることができます。動かさずに放置しておくと、卵の中の胚が殻の下部にくっついてふ化できなくなるので、日に2～3回は回転させて位置を動かす必要があります。

孵卵器には温度を一定に保つ装置が搭載してあります。温度は38・5度です。

ヤマドリのオス

猟友会の事業に「放鳥事業」というものがあり、猟期前に、養殖したキジやヤマドリ、コジュケイを県内各地に持っていき、放つのが私の仕事です。ここで養殖したキジは、群馬県や山梨県、石川県、宮城県などにも運ばれています。
価格は、キジの場合はひなが3400円～3500円。親鳥は4000円～4300円です。ヤマドリはキジの2倍。7000円以上の値がつきます。なぜヤマドリ

放鳥の日に運ばれてきたキジ。ひとつの箱の中に２羽ずつ入っている

が高いのかというと、養殖が難しいことにあります。オスとメスを同じ鶏舎で飼っていても有精卵ができにくいし、そもそもメスがオスに殺されやすい。しかも気性が荒く、生まれたあとからも飼いづらいんです。つがいを作って受精を試みても成功するとは限りません。ましてやオス同士はケンカが絶えない。とても同じケージには入れられません。そのため人工授精をして増やしています。

キジは同じ鶏舎で飼っていますが、キジだってオス同士が縄張り争いでケンカします。だから、ニワトリを飼うようにはいかないんですよね。

時期ごとに与える餌も難しく、適切な時期

放鳥のようす。写真は平成２年

から遅れると、下痢をして死んじゃいます。餌はニワトリと同じですが、たんぱく質が足りないと、ストレスが出やすいためか、鳥同士で突っつき始めます。そのため、魚粉なども餌に混ぜています。

わたしの場合は、ふ化してからだいたい４カ月後、およそ１２０日で出荷していますが、ふ化後90日で出荷する養殖業者もいます。

毎年、猟期が終わる日が2月15日で、その後に繁殖用の親鳥を放ちます。親鳥は個体差によりますが、繁殖で5年～6年は使っています。健康な鳥は、放ったあとも10年くらい生きます。キジは人間には慣れず、逃げていきます。

野生動物の脅威

このほかにも、鳥が育つまでにはいくつもの脅威にさらされます。野生の動物に襲われるんです。キツネやイタチにやられたことがあります。やつらは、地面からもぐって入り込んでくるんです。それに、キツネは獲った鳥を保存するために、掘って埋める。100羽も200羽もいたのを、一晩でやられました。そんなに殺して、もう一度掘り返して食べるのはたいへんだろうと思うんだがね、やつらも狩猟本能があるから、楽しんで獲っていくんですよ。タヌキも鳥を獲るけれども、埋めたりはしない。鳥

鳥舎で飼育しているキジのひな

を食べて腹がいっぱいになったら、帰っちゃいます。ヘビにも、頭をもがれたことがありました。

野犬にもやられたこともありました。ゴルフ場の食べ物を漁っていた犬でしたが、その後ジステンパーが流行ったら、いなくなりました。コクシジウム病や寄生虫などの病気を持っている野生動物を介して、病気が伝染してしまうこともあります。

近年は、鳥インフルエンザ感染予防のために、県からの指導が厳しくなりました。「野鳥が入らないように網を張りなさい」と言われますが、スズメのよう

放鳥前の野生化放飼場（昭和 62 年旧今市市沼尾）

キジの中びな（幼鳥と成鳥の中間にあたる）。右側にあるのが給餌器

（中山さん）「亜種が混じらないように養殖をすることも大切。むかしはあまり気にせずに養殖をしていたため、交雑が進んでしまったんですよね」

な小鳥が入らないようにするのに苦労しています。

このように、養殖は苦労が絶えません。生きものを育てることは、本当に動物が好きじゃなければ長続きません。いろんな人が養殖を試みます。食肉目的の人もいれば、鑑賞用が欲しい人もいます。お金もうけのために養殖の世界に入る人もいる。だけどお金もうけの人はすぐ辞めちゃうよね。

若い人に銃猟をしてほしい

いまの狩猟はわな猟者が全体の狩猟者の４割を占めるようになり、銃で鳥を撃つ人は本当に少なくなりました。以前はキジだけで１２００羽を養殖していたんですが、いまでは７００羽～８００羽くらい。最盛期のおよそ半分に減ってしまいました。むかしは作れば作っただけ、売れたんですよ。だけどいまは売れない。鳥よりもイノシシやシカなどの大物を目的にするハンターが増えた。その一方で、埼玉県など放鳥をやめてしまった地方自治体もあります。

若い人に狩猟をやってほしいと思いますね。わたしのような年寄りが足腰が立たなくなってしまえば、山なんか歩けなくなるから。どうしたら若い人にやってもらえるようになるかと、いつも仲間と話し合っているんですよ。

猟友会としては銃猟が増えてほしいんですが、警察としては「鉄砲は本当に危ないから、持つ人が減ってほしい」と考えていますよね。同時に、鉄砲を持っていても狩猟はやらずに射撃だけをやり、鉄砲は持たないけれども、わな免許は簡単だから取る。そういう人も増えています。銃猟をやる人はなかなか増えません。残念ですね。

猟師伝コラム

人間のマナーも問われる

――猟犬のコンテスト「猟野競技会」

猟犬のコンテスト「猟野競技会」では、どのような内容の審査が行われているのか。平成30年まで全日本狩猟倶楽部栃木支部のジャッジを務めていた、吉原稔さん（160ページ）に話を聞いた。

参加するのは、犬一頭と「ハンドラー」と呼ばれる飼い主がひと組のペア。いかに飼い主と犬が呼吸を合わせて協調しているかを競い合います。審査ではふた組ずつ、15分間の演技を行います。山の現場を歩くだけではなく、獲物がいそうなやぶの中などの歩きにくい場所も、くまなく歩かなくてはなりません。獲物が潜んでいそうなポイントの

静岡県西富士で行われた全日本猟野競技会。写真は競技開始前で、ハンドラーが犬に手をかけ、スタートの号令を待っているところ（須永知代子さん提供）

ことを「オブジェクト」と呼んでいますが、犬がオブジェクトを見つけ、その中で獲物を探ることができるかどうかが採点基準になります。

飼い主が犬に声を多くかけすぎるのもだめですし、マナーのよさが問われます。たとえばひと組の犬がオブジェクトを見つけたとき、もうひと組の犬は吠えたりせずに、ちゃんと待っていなけえればいけません。犬がもうひと組の犬のあとをくっついて歩くことを「トレイル」と言うのですが、これも、相手の行動を妨げるマナー違反です。相手の犬に対して迷惑がかかることをしてはいけません。

それは人間も同じ。人間も相手に対していやな感情を持たれるような言葉や行動をしてはならないのです。犬のマナーのよさを競うことなのですが、結局はハンドラー本人、つまり人間のマナーが問われる競技でもあるんですよね。

五章　被害と闘う

会員は、みんな一生懸命やっているんですよ

支部の会員による協力によって、大量のカラス駆除に成功している。

「仲間の協力は不可欠なんです」

仕事場の至るところに、モットーの「猟友を大切に」という色紙や看板を掲げている。

日光市森友在住

塚《つか》原《はら》　久《ひさ》夫《お》 さん

昭和12年（1937）9月12日生まれ

看板店経営。元栃木県猟友会日光支部長。

平成28年（2016）5月22日取材

けもの道にはわなを仕掛けない

いま、日光市山口の丸山というところで駆除をしてきたところです。日光支部は11の地区会に分かれていて、大沢地区には現在54人ほどの会員がいます。日光市は海抜２０００メートル級の山岳地帯もあれば、ここ大沢地区のような平地もあります。

会員のみなさんは、日光市から有害鳥獣の駆除要請を受けて、出動しています。年間の延べ数で、２０００人以上にのぼります。

わたしたちのわな猟について話しておきたいのは、この大沢地区では、わなを仕掛ける場所は山奥ではなくて、みんな里だということ。つまり、常に民家が近くにある。民家の田畑を荒らすので、その被害対策としてわなを仕掛けています。

そして、くくりわなの幅はたった12センチしかないんですから。その小さなわなを、広い大地の中に仕掛けて、踏ませなければならない。これはよほどの勘と経験が必要なんです。どういうところにイノシシが通るか、見定めるのです。

けもの道には、わなを仕掛けない。これは原則です。けもの道を人が歩くとイノシシが通らなくなってしまうんだよね。だから、周りのようすをよく見て、けもの道の両サイド、4～5メートルくらいのところに仕掛けると、獲れやすいですね。

実際の被害額は深刻

わたしは昭和41年に狩猟免許を取りました。取ろうと思ったきっかけは、わたしが通っていた中学校（今市中学校）のそば、現在の野球グラウンドに射撃場があったんです。射撃場はその後、市が危険だとして撤去してしまったんですが、それを見て「自分もやってみたい」と思ったのがきっかけです。

そのころは、イノシシなどはこの辺にいませんでした。

15年くらい前からイノシシとシカが里に下りてきて、農作物の被害がひどくなってきました。

被害額の算出方法は、実際に食べられてしまった農産物の実質販売額のみです。なぜ「のみ」と言っているのかというと、農作物を作っても、やられちゃうから、作らなくなってしまった分の被害のほうが多いからです。

本当は。

イノシシが食べられない作物は、ショウガとミョウガだけ。たとえば、お盆の時期にイノシシが農家の畑に侵入したとき、残っていたのはショウガとミョウガだけだった。それ以外は全部食べちゃった。

しっかし、たいしたもんだよね、イノシシは。クリだのドングリだの、こんなちっちゃなヤマグリの実の皮を、歯でむいて食べるんだから。皮だけを口から出していて、地面に落ちているのを見かけます。いったい、どうやって、

狩猟免許試験予備講習にて、指導をしている塚原さん（右）。写真は昭和50～60年

あの歯で器用にむいているんだろうね。

農作物はシカも食べちゃいます。シカの被害も大変なんです。スギやヒノキなどの植林木の樹皮を食べちゃう。そうするとせっかく育てた木が枯れてしまうから、ネットを巻いて保護しているんだけど、木の周りに生えているササを全部食べちゃって、木の周りがなにもなくなっちゃってるんだよ。

クマの有害捕獲。地域の仲間たちと撮影。前列右端が塚原さん。写真は昭和40年代前半

角や骨は煮て処理する

夏場のイノシシとシカは、おいしいんだよね。シカなんかは、8月の末から9月の中ごろ獲れたのが、一番うまいやね。でも東日本大震災による原発事故の影響で、いまはもう人にやるわけにはいかなくなってしまった。そして、肉をしまっておく冷蔵庫の中もガラガラに空いていますよ。

毎回の駆除で唯一の恵みと言えるのが、シカの頭。壁などに掛けて飾ります。下あごは外します。なぜなら、下あごがあると怖いから（笑い）。処理するには、苛性ソーダで煮ます。そうすると、肉がボロボロ落ちて、骨がきれいに白くなります。

角も一度は煮ます。煮ないと白くなりません。落ち角は左右二本あって価値が出るんだけど、一カ所に両方が落ちていることはなかなかありません。いまここにある角は、鶏頂山で見つけて持ち帰ったものです。

パトロールで人命救助

わなを仕掛けているとパトロールしなきゃならないから、いろんなことがありますよ。まずイノシシは、牙よりも、その体重ごとで向かってくるのが、こわいやね。わなにかかったのを見たっくれ、人間の姿を見た瞬間、一回バックして、こっちに向かってくるんだから。そのときもし、ワイヤーなんか切れちったら、大変なんだから。

パトロール用の車両。本業の看板屋さんの技術を生かして

　日光カントリークラブで、冬にわなをしかけたら、夏に

なってグリーンの芝で隠れちゃったんだよね。それがよかった。一カ月で12頭も獲っちゃった。支配人さんは大喜びだったよ。

それと、会員が分担して、サルのパトロールも欠かさずおこなっています。12〜13人のメンバーで切り回しています。一人につき月に3回、年間で36回です。


そういえば数日前、メンバーのひとりの猪瀬さんという人が、パトロールの途中で人命救助をしましたよ。大笹牧場の手前にある六方沢大橋で、人が橋の欄干で首吊って、吊ったロープが外れて川に落ちて、転がっていたところを見つけて、近寄った。その人は生きていて、ブルブル震えていたんだって。それで救急車を呼んだそうです。警察も大喜びでね、あさっては表彰式なんだよ。首を吊った人は70歳くらいの男の人だったって。埼玉の人だったらしい。

ちなみに、パトロールするには傷害保険に加入するんですが、費用は日光市が援助してくれています。

20日間でカラス315羽

自治体による鳥類の駆除要請は、非常に多いです。だけど、都市部での糞害や、ゴミ箱を荒らす現場などはテレビなどで紹介されますが、駆除する人たちについてはあまり知られていない。鳥類も、獣と同等か、場合によってはそれ以上の被害や食害を与えています。

わたしたちの地区では、カワウやカラス、カルガモ、キジバトなど鳥類の駆除をおこなっていますが、特にカラスの駆除で、わたしたちの仲間がすばらしい活躍をしてくれています。このあたりはビニールハウスがたくさんあることから、カラスの害は、ビニールハウスで発生することが多いです。ハウスの上に留まるんですが、爪を立てるため、屋根に穴を開けちゃいます。そしてその穴からハウスの中に入り込んで、畑にまいた種を全部食べちゃうんだよ。ビニールハウスの補修は多額の費用がかかって、農家のみなさんはとても困っているんですよ。

カラスはものすごく頭がよくて、人やその人が乗っている車の種類までも記憶してしまいます。そのため、車が近づいただけで飛んで逃げていってしまう。カラスの捕獲は本当に難しいんですよ。

そのカラスの捕獲に大きな成果を上げているのが、大沢地区の小林啓二さんです。駆除期間は毎年、春期4月から6月まで、秋期8月から10月まで、それぞれ60日間。大沢さんはその限られた期間でいつも一生懸命やってくれて、高い結果を出しています。特に平成20年春期は、たった60日間でカラスを315羽を捕獲するという記録を達成。それは普通では考えられない数なんです。

狩猟じゃないのに狩猟税を払うのはおかしい

そんなことから、わたしたちは、駆除を要請を受けているん

塚原さんが会長をしている「旧今市五地区会」の会員が、過去10年間の駆除活動で捕獲した約4000羽のカラスの脚。捕獲数の誇張や詐称のない証として、塚原さんが保存している

だけど、ハンターからの悩みが多く聞こえています。というのは、害獣の駆除は、自治体からの要請を猟友会が受けて、ハンターさんが行っています。ハンターたちの多くは、もともと趣味で狩猟免許を取得しています。それなのに駆除依頼が年を追って増えているため、ハンターは狩猟を楽しむことがほとんどできなくなってしまった。

しかも、東日本大震災後の放射線の影響で、いまは獲ったイノシシやシカの肉を、人にあげることもできない。狩猟の大きな楽しみのひとつは、自分で仕留めた肉を人にあげることなんですよ。それなのに、獲っても食えないものを獲り、なおかつ狩猟税を納めなくてはならない。せめて、放射線被害が残っている栃木県、茨城県、福島県は、狩猟税を免除してもらいものです。ハンティングじゃなくなってしまっているものに、狩猟税を払わなくてはならないなんて、おかしいよね。

行政に狩猟の実践者がいれば理解が得られやすい

会員のみなさんがこれだけ活躍してくれているのに、銃を持つための費用がばかにならない。銃の所持許可をとるのに講習を受けなくちゃならないし、講習料が1万2300円

自社工場の至るところに「猟友を大切に」という看板を掲げている塚原さん

もかかる。これはとても高額ですよ。
わたしたちの奉仕作業はまだまだあります。たとえば高速道路や市道、県道などで、タヌキやシカ、イノシシなどが車とぶつかって倒れていれば、わたしたちのところに連絡が来て、処分を依頼されます。いつ呼ばれるかわからないし、呼ばれたらすぐに現地へ行かなければいけないんです。

カラスの駆除で活躍している小林啓二さんが、駆除のワンシーズンで使用する装弾の量は8箱。装弾代は年々値上がりしており、カラスに使う五号装弾はひと箱3500円前後。その他、ガソリン代や手間賃を入れると、莫大な費用がかかるんです。小林さんによって食害やビニールハウスの損壊などを免れた農家さんには、有形無形の恩恵を与えているものと確信しています。一方で、小林さんの努力と苦労は、計り知れないものです。

幸い日光支部では、市役所農林課で狩猟免許を持っている職員さんが担当者でした。駆除や狩猟全般について熟知しており、わたしたちの活動について深い理解があったから、よかったんです。毎年、会員の中で一人か二人は、活動中に負傷していますが、けがを補償する「ハンター保険」という障害保険を日光市が助成してくれているのは、非常に大きいですよ。全国各地で狩猟者の減少が課題になっていますが、日光支部だけが増加しています。その背景には、手厚い補助と担当職員の理解があったからなんですよ。

全国のハンター仲間のためにも、日光市だけではなく、各自治体で、狩猟の実情や駆除のシステムを十分に理解している職員さんの配置を求めたいですね。

被害を少しでも減らして、喜んでほしいんだよね

長年培ったわな猟の技術を惜しまず、後進に伝えることを続けてきた。近年は県の依頼を受けて講師を務める機会も増えている。
平成29年、害獣駆除の功績によって、栃木県知事から感謝状が

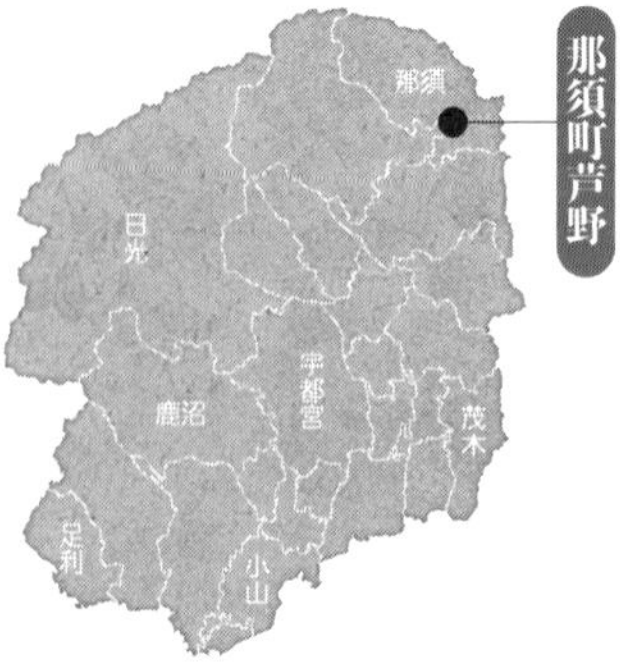

那須町芦野在住

大越《おおこし》　良平《りょうへい》 さん

昭和16年（1941）5月13日生まれ

石材店経営。わな猟の専門で、くくりわなを得意とする。

平成29年（2017）12月29日取材
顔写真は令和3年（2021）9月3日撮影

贈られた。

インタビュー当日は左肩を骨折して包帯を巻いていたが、それでも元気いっぱい。

「骨折した日は雨が降っていたんだよね。脚立の上に乗って空を見ようとしたら、ずるっとすべって落っこった。1カ月は安静にしろと言われたんだが、10日くらいしたら若い衆にわなの指示を出していたし、それからすぐに動き出したっくれ、どこに行っても、だいじなんかい？　と聞かれたよ」（笑い）

猟は山を歩く。ときにはチタケがどっさり見つかることも。右が大越さん

山歩きの副産物

イノシシを探しながら山を歩くと、いろんなものが見つかる。チタケもよく見つけるし、特にハ

わなにかかったイノシシ

タケシメジの群落は見つかるね。ハタケシメジは8月上旬から11月下旬までと長い期間で、一週間ごとに順繰り順繰り場所をずらしながら採れるんだよ。それってね、まるで意図的に栽培しているみたいなんだから。

なんでキノコ採りのことを話すのかっていうと、イノシシを捕まえている場所では、キノコがよく見つかるんだわ。イノシシも食べているんだろうね。春だとタラノメやシラキの芽も、山歩きの副産物として採れるもんね。

よく頼まれて、茂木町にイノシシのわなを仕掛けに行くんだよ。だって茂木は、人口よりもイノシシのほうがはるかの多いんだから！

この写真は、おれんちの左側の山に仕掛けたわなに引っかかったイノシシね。

「おなか、なでてくろ」

ある日、イノシシの小さいのを連れて戻ってきて、自宅にある檻に入れて飼っていたの。ずいぶんなついていたよ。おれなんか檻に姿を見せると、ころっと転がって（あお向けになって）「おなか、なでてくろ」ってねだるんだもの。もうかわいくってね。

だけどある日、檻の扉を閉めたつもりが開いていて、そこから逃げて行っちゃった。それからはもう戻ってこなかったですね。この家のあたりにいたと思いますよ、きっと。姿が見えなくても、いるのはわかっていましたから。そう、鳴き声ねえ。どんなだったかなあ。それこそ家畜のブタが鳴くような感じですよね。こっちから「ぶうぶう」と

飼っていたイノシシ。家族によくなついていた

鳴いてみる。すると、同じように鳴いてくる。もしかしたら、逃がしちゃったことで、このあたりのイノシシの数を増やしちゃったのかもしれないって思ったりもするんだよね……。

孫には「猟はやめとけ」

おれの親父が猟をやってたんで、おれもやり始めたんだが、親父はだめだった。獲れなかったんだわ。（笑い）

おれは27歳から狩猟を始めて、あと少しで50年になるんだ。そういえば前に、狩猟を80年やってる人が、特別表彰されていたね。

孫がおれに「じっちゃん、おれも狩猟をやっかなあ」って言うんだが、「やめろ、やめとけ」って言ってんだよ。それでもやっぱり気になるみたい

わな猟の技術講習で指導する大越さん

最近は初心者研修でも講師を務めている

で、インターネットで検索してるんだよね。そしたらある日、「じっちゃんの名前が出てるよ！　すごいね！」って電話をかけてきたの。それでおれも検索してみたっくれ、少し前に200キロの巨大イノシシを捕獲したときの新聞記事が外国語で翻訳されていたの。おれもびっくりしたよ。

「大越さん、いくらもらってるんだ？」

いままでの対立構図は人間対イノシシで、きわめて単純だった。ところが次第に人間対人間の戦いに変化した。少しむかしから、鉄砲とわなの争いになった。鉄砲撃ちがポケットにワイヤーカッターを入れて山を歩きまわり、ワイヤーを見つけるたびに切断していた、という話も聞いたよ。そして現在はわな対わなの争いになっている。それも露骨で、誰かが仕掛けた捕獲用の檻の脇に、くくりわなをつけていく人だっている。

どうしてそうなったかというと、自治体から報奨金が出るようになったからなんだよね。まずイノシシ一頭の捕獲につき、国から8000円。そして栃木県から2000円がもらえるんだ。あと市町村ね。那須町は1万4000円。この金額だけを見ると、「ああ、そんなにもらえるんだ」思われるかもしれないけれど、イノシシ一頭を捕獲するのに、どれだけの手間と、部品代と、ガソリン代をかけているか。儲けにはなりませんよ。

なにが一番、いやかって？　駆除を頼まれて行くと、「大越さん、いくらもらってるんだ？」と言われることが、一番つらい。金儲けのためにやっていると思われているのか、とがっかりする。だから「い

わなにかかったイノシシに止め刺しをする大越さん

くらももらってない」と言い返してやるんだ。

駆除を頼まれて出向いた農家から「2頭も獲れたんだ。よかったねえ！」と言われたことがありました。これには仰天しました。これは違うんじゃないのか。「大越さんに獲ってもらって、わたしたちは本当に助かりました」の間違いじゃないのか。

駆除が金になると思われているんです。とんでもない、赤字です。自分としては、少しでも被害を減らすために力を貸しているんです。喜んでほしいからこそ、駆除を続けていられるんです。

「平等に分配しないなら、巻き狩りは辞める」

いまこうして結果を出すことができるのは、巻き狩りをしていたことで、イノシシの行動が分かっているから。おれは巻き狩りのリーダーだった。イノシシを見つけるのもおれ。人を配置するのも、ほとんどおれ一人でやってきた。

巻き狩りのために、場所から追い出されたイノシシがどこへ逃げていくか、どういうところへ通っていくか、勉強したんだ。もちろんこの近くでもやったし、福島に行って泊まり込んでもやった。常時十数人から20人、多いときは40人くらいの仲間がいた。これを20年、30年近くやってたね。獲れたものは全部、みんなに平等に分配した。

あのとき、「もうこれ以上、みんなとできない」と思うできごとがあった。

もう30年近く前に、那須甲子温泉にシカがいるっていう話があった。ところが、勝手に何人かで、仲間に黙って、そのシカの巻き狩りをやっていることを仲間から伝え聞いて、知った。その仲間は怒って、抜け駆けをしたそいつらに「そういうことをするのなら、もうおれは辞める」と言ってきたんだ。その話を聞かされたおれも、「もう、

じいちゃんが大きなイノシシを獲ったよ！

勝手にやれ。おれはもうやらないからね」と言って、巻き狩りを一切やめたんだよ。そしたらもうまとまりがつかなくなって、みんなバラバラになってしまった。それから、ピタリと巻き狩りがなくなっちゃいました。

巻き狩りのグループはとても長く続いていたんだよ。おれがやっているときは、肉の分け前とか、平等にしなければならないことを。おれは必ずやってきたし、仲間を壊すようなことは全然なかった。もめごとなどなかったからね。必ず守らなければならないことがたくさんあるのに、自分が気に入った人だけに声をかけて連れていったり、分け前を独占することは絶対にやっちゃいけないんだよね。

牛舎へ通うイノシシ

いま使っているのが、20番の散弾銃だ。

来年が免許の書き換えだから、鉄砲を返納しようと思っていた。いまは電気もあるし、バッテリーからインバーターをつないで電気でやれば、仕留められる。そういう電気の槍もあるから。でも、電気を使って仕留めたイノシシの肉は、うまくないんだよ。血抜きがうまくできないからなんだよね。

おれは栃木県だけじゃなくて、福島県でも狩猟者登録をしていますが、福島県は栃木県と違うことがいくつかあるね。たとえば、向こう（福島県）はスギ林だらけの栃木県と違って、雑木林がある。そこにいるイノシシの肉はうまい。生息していた場所の植生によって、イノシシの肉質は変わる。杉山で育ったのと、雑木林で育ったのとは違うんだ。雑木林のほうがうまい。食べるものが全然違うから、そうなるんだよね。


おれは東日本大震災のあと、福島県へ何度もお見舞いに出かけたりイノシシの捕獲に出かけているんだけど、ブタがそのへんをうろうろしているんだよ。被災者の人たちが避難のために土地を離れるときに、小屋の扉を開けていったんだろう。やろめら、自由に歩ってんだわ。

その様子を見て、おれは当時から「これは将来、イノシシとブタの子どもが獲れるな」と思ったよ。

茂木町の農家に頼まれて捕獲。みんなで大喜びだった

（大越さん）「農家の人とのつきあいも、人によりますね。やってもらって当たりまえという人もいますけれども、山に見回りに行って帰ってくると、車の前に一升瓶が置いてあったり、ジュースを出してくれることもあるんです。こうした気持ちの通じ合いを大切にしたいですね」

そういえば、こんなことがあった。平成27年に、福島県いわき市の山の中で狩猟をやった。あのあたりは、牛やさん（畜産業者）や豚やさん（養豚業者）がたくさんあって、イノシシは牧草や飼料を食べて育っている。

あるとき、牛やさんの周りの茂みにいたら、小さいイノシシが2頭出てきた。ところが様子を見ていると、まっすぐ牛舎に向かっていったんだよ。2頭が一緒になって、牛と一緒に餌を食ってんだ。飼料を食ってるイノシシの肉は、うまいんだかんね。野生のくせに肥育されている感じね。だって、牙が小さくても、身体だけがでっかくなっているんだから。

イノシシは健康状態によって毛並みが全然違う。健康なイノシシの毛はバサついていなくて、毛足が短いのが特徴。栄養がよいからだと思うんだがね。

交流を大切に

イノシシを獲りに福島県の山の中を通っていくと、途中で農家の人に呼び止められて、「こっちでも獲ってってどごれ」「わなをかけてくろ」って言われることがよくあるんだ。それだけ被害が深刻なんだよ。イノシシは鳥類と違って、畑を荒らした痕跡が残るでしょ。

こんなとき、快く応じる。それから親戚のようなお付き合いをすることがだいじだと思っているんだ。

猟を通してのつながりがあちこちにできることは、むかしの猟師とは違う、いまの時代のハンターとして一番の喜びだと思う。大切にしたいよね。

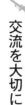

「中田式」と「スナガ式」

須永重夫さん

中田栄次さん

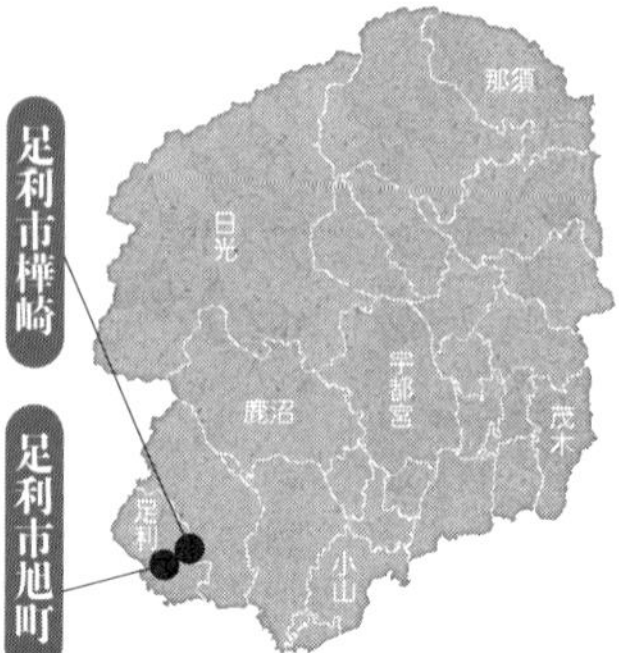

足利市樺崎

中《なか》田《だ》　栄《えい》次《じ》さん

昭和27年（1952）3月22日～平成24年（2012）3月4日

令和2年（2020）8月30日取材

足利市旭町

須《す》永《なが》　重《しげ》夫《お》さん

昭和18年（1943）11月11日～平成27年（2015）5月2日

令和2年（2020）8月30日取材

同じ足利市という自治体の中で、ほぼ同時期に、ふたりの人物からわなの発明があった。ひとつは踏み込み式で、もうひとつは回転式。タイプが異なる箱わなはそれぞれ、現在も多くの自治体で使われている。

取材当時は両氏がともに逝去しており、それぞれのご家族にお話をうかがった。

中田雅江さん（妻）の話

狩猟は若いころからやっていましたよ。結婚したのが昭和54年で本人は27歳でした。知り合ったときはすでにやっていましたから、たぶん20歳過ぎたころに免許を取っていたのでは。キジやヤマドリを獲って、さばいて肉を食べたり、はく製にしたりしていましたね。

平成5年～6年ごろからこのあたりでも急にイノシシが出るようになり、駆除をしようということになりました。

その際に猟友会で駆除に参加した人がいたのですが、タイミングが悪かったため、猟

中田式わな。中央部の踏み板をイノシシが踏むと、両側の扉が同時に閉まる仕組み。「一番困ったことは、イノシシ用のわなにクマが入っちゃったことです。平成10年代でした」（雅江さん）

犬をイノシシと間違えて撃ち殺してしまいました。撃った本人は仲間全員の家におわびを持って謝り、犬の賠償を支払って、事件は落ち着きました。しかしもし人間だったらもっと大変なことになっていました。それで銃ではなくわなによる駆除が始まりましたが、くくりわなの管理は難しいため、箱わなの試作を始めました。

最初に考案したものが回転式の箱わなでしたが、なかなか獲れませんでした。その後、運搬しやすいように組み立て式にしたり、より感知しやすいようにセンサー式を試みるなど、試作と改良を重ねて完成したのが、現在の踏み込み式で、「中田式」と名づけ、特許を取りました。

中田式のわなは、多いときは年間で100台くらい売れました。最初は個人で買う場合が多かったんですが、その後は自治体が買い上げるようになりました。栃木県内では旧西方町（現在の栃木市西方）が早い時期に購入してくれ、やがて県内各地で使われるようになりました。青森県の津軽では、このわなを使ってニホンザルを捕獲していると聞きました。

このへんの人は、イノシシを食べる習慣がなかったんです。イノシシが獲れることがあれば、埋めて供養していました。箱わなで捕まえるようになってから、イノシシ料理を作るようになりました。ハムスライス機を買ってスライスして、いまでいうミルフィーユのように重ねて揚げていました。揚げるとくさみがなくなって、おいしいです。

イノシシの捕獲を通して猟友会の知り合いが増えるにつれ、夫は「よい友だちがたくさんできた」と喜んでいました。義理堅い人で、イノシシの捕獲をして報奨金が入ると、みんなで近くのレジャー温泉施設へ繰り出し、親交を温めていました。中田式のわなを

県主催のわな猟研修で講師を務める中田さん。箱わなの仕掛けかたについて説明している。わなの正面でベストを着て話しているのが中田さん。写真は平成22年10月撮影

使っている家で葬式があれば必ずおくやみに出向いていました。

その後体調が悪くなり、「誰かが獲ってくれるといいなあ」と、仕掛けたわなのことを気にしていましたが、夫の代わりに地元の仲間のみなさんが獲ってくれたんです。夫はそれがとてもうれしくて、病を押してみなさんと中華料理屋さんでお祝いをしたんですよ。そのときに食べた料理は、夫が口にした最後のごちそうでした。

振り返ってみれば、わなを発明したことによって、夫の人生は充実と輝きを得たんだと思います。若い人からお年寄りまで、いろんな人たちと関わりが持つことができて、心から幸せを感じていましたよ。

須永知代子さん（妻）の話

独身のころに車いじりが好きだったくらいで、特別な趣味はなかったのですが、猟を始めたのは結婚して子どもが中学生になってからです。「犬と一緒に少し運動がしたい」という気持ちと、飼っていた犬がたまたま猟犬のセッターだったことが、きっかけになりました。当時はトライアル（競技会）に夢中になっていました。犬とスポーツをすることはポピュラーではなかったので、ブリーダーにいろいろ聞いているうちに、猟友会と知り合い、狩猟免許を取りました。

わたしは「鉄砲は危険であぶない」と思っていましたし、「よくこんなものを持って歩くね」と思っていました。鉄砲は家族もわからない場所に厳重に保管していました。

ある日、猟に出かけた夫が、穴だらけの地面を見つけて「なんだこの穴は?」と思ったところ、それがイノシシによるものだと知りました。

それより前、檻のわな（箱わな）ではイノシシは獲れないと言われていました。そこで

（須永知代子さん）「やると決めたら“一途”でした」

夫は自分なりに試行錯誤しながらわなを作っていました。いまの回転式の箱わなを開発し、「スナガ式」と命名。特許を取ったのが平成13年です。その後も「自分で使いやすいように」と研究を続けていました。紙やすりを使って、はね上がり方を改良したり。夫はいつも鉄や油のにおいがしていました。

スナガ式のわなは安全第一を考えて作られています。それがとても喜ばれました。最初は個人で買う人が多く、のちに役所、さらに農協での購入が増えていきました。広島県ではイノシシの急増による被害が多かったので、何度も広島に行って、わなのかけかたを指導していました。「須永さんのようにしっかり作られている檻は少ないんだよね」と話してくれた人がいたと、うれしそうにしていました。

回転式の箱わな「スナガ式」。中心部の「中」の形をした棒にイノシシが触って棒が回転すると、両側の扉が閉まる仕組み

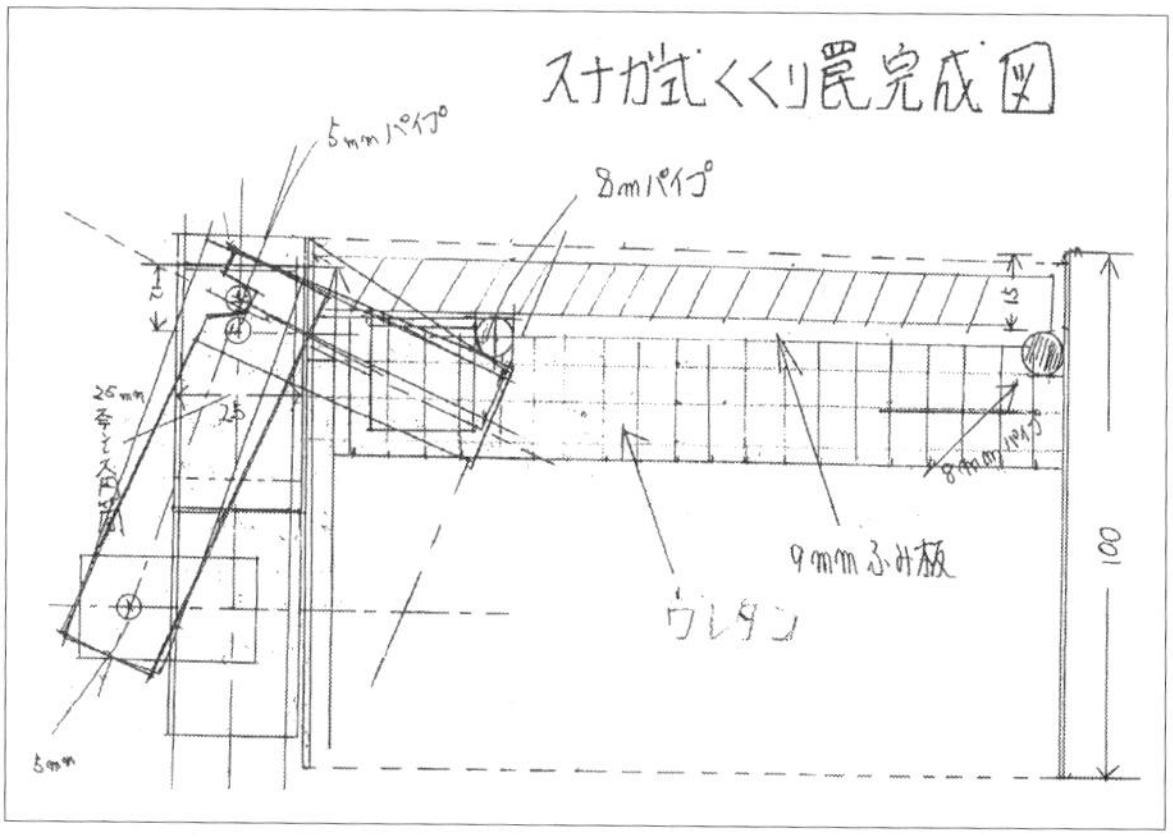

ひと目で須永さんが書いたとわかる個性的な筆跡が有名だった

言葉の使い方を教えてくれた人でした。手紙は手書きにこだわっていました。親の代から続く酒販店を継いだんですが、もともと動物が好きで、本当は獣医になりたかったと言っていました。もし獣医になったらどういう人生が送りたかったんだろうと当時は不思議だったんですが、いなくなってから、「研究がしたかったのかな」と気づきました。

夫は、動物といっしょに駆け抜けていったんです。こんな人生、男冥利に尽きますよね。わたしもイノシシ猟と夫を通して、多くの出会いに恵まれました。夫は人生の宝物をわたしに残してくれました。

猟師伝コラム

「猛将」と呼ばれたツキノワグマ

平成24年11月、栃木県日光市大室でオスのツキノワグマが捕獲された。その名は「猛将」。猛将をめぐる捕獲作戦と、その姿から見える生涯と背景を追った。

日光は広い。男体山や白根山がある標高2400メートルを超える山岳地帯は、栃木県の屋根と言われている。その一方で、首都圏農業が盛んな平地もある。

ふだんは山奥で生息しているクマが、山伝いに人里へ下りてくることは難しくない。特に夏場はクマが食べる餌が少なくなり、さらに秋になって堅果類の実りが乏しいと、おなかを空かせたクマが餌を求めて動き回る。

平成24年の栃木県北部では、クマの主な食糧になるミズナラとコナラが不作だった。

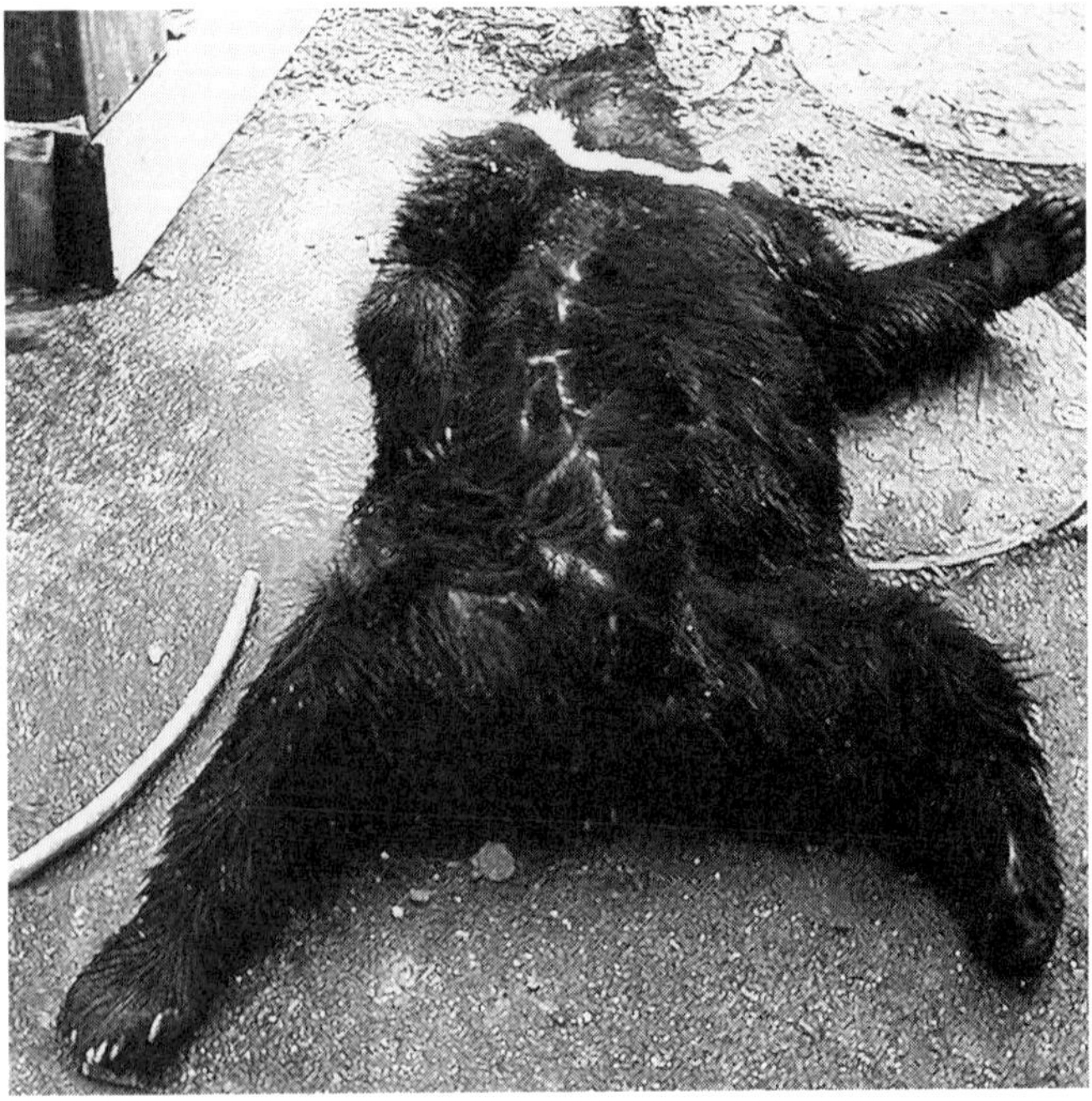

「猛将」。以前より周辺の住民から「黒いものを見た」という情報が相次いでいたという

日光市大室のある農家では、クマが侵入して牛用の餌を食べる被害が起きていた。敷地内には居宅から三間ほど離れた場所に牛舎がある。クマは牛舎内の倉庫に保管したくず米を食べていた。

農家ではこれ以上の被害を防ぐために、倉庫内のストッカーに入れていたくず米を全部片づけた。しばらくしてそのクマが再び牛舎にやってきた。クマはくず米がないことを知ると怒り、暴れて小屋の一部を破壊し、ストッカーに爪あとを残して姿を消した。

一連の事件によって、このクマの人間のものに対する異様な執着が明らかになった。クマをこのまま放置しておけば、やがてこの農家だけではなく、ほかの民家でも同様の被害が起き、人身事故につながる恐れも考えられた。市ではやむなく、クマの捕獲に踏み切った。

捕獲作戦が始まった。始めはドラム缶式のわなを使った。ところがクマは完全にドラム缶の中には入らず、身体の一部を外側に出しておき、わなのふたが完全に閉まらないようにしながら餌をきれいに食べ、去った。クマはわなの仕組みがわかっていた。ドラム缶式は数回試みたが、すべて失敗した。

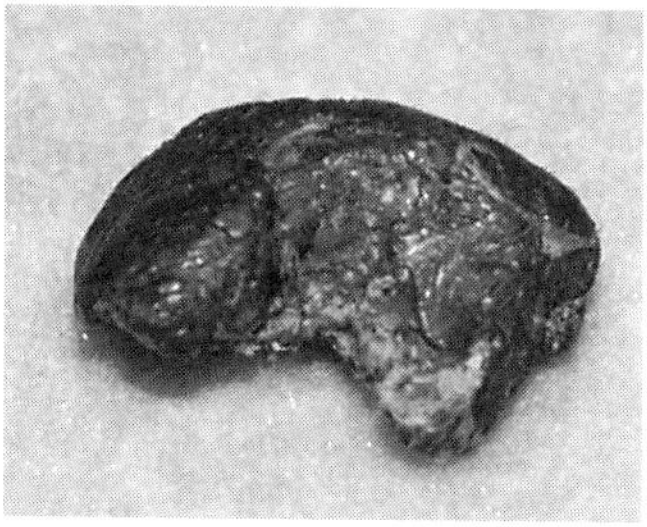

猛将の背から発見されたスラッグ弾
（20番）

猛将の腰から発見されたライフル弾
（30-06番）

ハンターたちはドラム缶式のわなをあきらめ、イノシシ捕獲用の回転式箱わなに変えた。箱の中心部分に両翼のある回転棒があり、そこにハチミツを入れた容器を装着した。

秋も深まった11月12日、クマが捕獲された。農家から知らせを聞いて駆けつけたハンターの赤羽晴男さん（日光市）は、倒れているクマの姿を見て驚いた。

クマの左の後ろ足は、足首から先がなかった。以前クマはくくりわなにかかり、逃げようとした際に、ワイヤーにかかった足を引きちぎったと思われた。さらに、背中には過去に被弾したスラッグ弾と、腰にもライフル弾がみつかったのだ。

やがて、壮絶な姿で生存していたクマに敬意を表して「猛将」の諱《いみな》がついた。赤羽さんは「痩せていましたが、とても大きかった。このように身体が不自由では、山にいても木に登れず、木の実も採れないために、平地に下りてきちゃったんでしょうね……」と振り返る。

六章　課題に向き合って

銃規制が厳しくなったのは、日本人の道徳心がなくなったから

「狩猟をやる人は元気がいい。みんな気さくに付き合っています。仲間だからね。〝ひとつお願いしますよ〟ではなくて〝頼むよ〟と言える。そういう関係がいいんです」

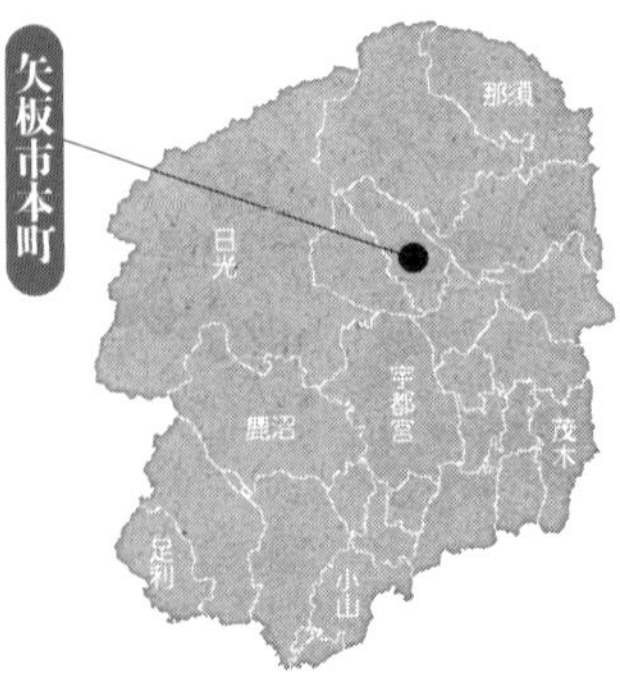

矢板市本町在住

手塚《てづか》　藤一《とういち》 さん

昭和7年（1932）3月29日生まれ

電気工事会社「藤電（ふじでん）工業㈱」の創業者。元栃木県猟友会塩谷支部矢板分会長、元栃木県銃砲等保安協会連合会副会長。全国大衆音楽協会栃木県北支部の相談役を務めている。カラオケの十八番は北島三郎。

平成28年（2016）4月23日取材
令和3年（2021）9月7日追加取材

銃規制の厳格化に伴う狩猟者の減少と、狩猟文化の将来を憂いてきた。「規制は緩やかに。大切なのは厳しくすることではなく、モラル教育の充実なんです。法規制の前に現場の声に耳を傾けるべきです。そうしないと根本的な解決策は見えてこない」。

山は空気がおいしい

きょうも行ってきたところです。山に。知っていると思うけれども、シラキの芽（コシアブラ）を。これを採ってきたんですよ。いまがいちばんいい季節です。あとシドキね。食べる？　おれはだいたい、お浸しとかてんぷらにするね。うまいよ。きょうはうんとたくさん採れた。

山へ行くのは、イノシシとシカの駆除

コシアブラの芽。栃木県ではシラキと呼び、珍重されている

ね。八方ヶ原あたりにもちょくちょく行きます。そこでわなを見ながら、ついでに山菜も見てくるよ。山は空気がおいしいよね。わたしは猟のほかに山菜採りもやるし、釣りもやりますよ。

身体は大丈夫かって？痛いところはどこもないよ。ただ、もの覚えが悪くなってくるよね。ときどき、思い出そうとすると「あれっ？」ってなっちゃう。それくらいかな。

資産家たちが猟をしていた

塩谷支部っていうのは、さくら市、矢板市、塩谷町にまたがっていて、範囲が広いです。ただし、有害捕獲については、地区ごとに分かれて活動しています。

むかしはいまとは違います。わたしが狩猟免許を取ったのは昭和40年で、そのときに鉄砲を初めて持ったんです。そのころはね、まだこのあたりでは鉄砲を持っている人はあまりいなかったです。

子どものころ、自分の村の村長さんや資産家の旦那さんたちが、村田銃を担いで猟に出かける姿を見ていました。ヤマドリを持って帰ってくるのがうらやましくてね。「かっ

平成12年2月、矢板市内の狩猟仲間と手塚さん。「狩猟をやる人はみんな元気で気さくなつき合いができるのがいいね」

こいいなあ」と思って見ていましてね。それで自分もやりたくなったんですが、もちろんわたしらはガキだったから、旦那さんたちには相手にされませんでした。

20歳を過ぎて、いよいよ免許を取ろうと思ったときに、矢板の保安協会の人に相談してみたんです。そしたら、いともかんたんに許可が下りたんですよ。そのころは、いまのような銃による事故がなかったですしね。

鉄砲は市内の「大谷薬局《おおや》」が鉄砲店もやっていて、そこで買いました。ライフルがないから、村田銃。玉は鉛を手でまるめて、板の上で手のひらを広げてゴロゴロ、ごろし（転がし）ながら作った。玉の大きさなんか、だいたいの自分の勘で決めていたんです。

自然と身についていた「道徳心」

鳥ぶちがやりたくて猟を始めました。当時の山には鳥がたくさんいましたよ。このころはまだ、ヤマドリがよく獲れました。キジは少なかったんですが、養殖して放鳥するようになってから多くなりました。

むかしはシカはまだ珍しくて、一頭獲れたら集落みんなが集まりました。貴重だったんです。イノシシが増えたのはここ10年くらいですね。もともとは八溝のほうにはいたんです。ここにはいなかった。

初めてイノシシを獲ったのは平成12年12月29日で、場所は川治の近くに走る日塩有料道路のハンターマウンテンスキー場あたり。その日は猟師仲間の8人で行った。雪が降っていて、木の下で、なにかが尾っぽをポロポロ振っている。

平成12年12月29日、初めてのイノシシ捕獲

「なんだろな、なんだろな」と思って、あとをついっていったんです。そしたらイノシシだった。

北海道襟裳にて、エゾシカを撃つ。10月の解禁に合わせて年に2度の割合で出かけている。写真は平成27年10月

わたしが狩猟免許を初めて取ったあのころは誰でも取れたし、鉄砲もすぐ買えましたよ。道路の脇で構えてぶつことだってなんでもなかった。暴力団に入っていようが入っていまいが(笑い)、関係ないです。だって、人に銃を向けたりなんかしなかったもの。

あんなに緩やかだった銃規制が厳しくなってしまったのは、

日本人の道徳心が失われてしまったからですよ。わたしらは子どものころから、大人に道徳を厳しく教えられて、自然と身についていたものですよ。

銃を持ったら、一番に注意すべきこと。それは人に銃を向けないことです。「獲物を獲りたい」という一心で銃を構えていますが、矢先の確認だけはしっかりおこなうことは、銃を持つ前に当然持っておかねばならない心構えです。人間よりも先に獲物の確認になってはいけないんです。大切なのはその周りに人がいるかどうかです。獲物以外のものに当たらないことを、必ずしっかりと確認する。これが最も重要なことです。道路で撃ってもよかったのも、それが当たり前にできていたからなんです。

でもいまは、獲物を見つければすぐ撃ってしまうんだもの。だから事故が起きる。発砲による事件事故が後を絶たないのは、そのためです。

狩猟者の大きな負担

現在、塩谷支部の会員は50人くらいいます。いまは有害捕獲を一年中やってもいいこともあって、塩谷支部でのわな猟の取得率は１００％です。鉄砲が使えない場所はわな

（手塚さん）「人はみな同じ、偉ぶっているのは嫌い。北島三郎はいいよ。“苦労の種を蒔かなきゃ、身も出ぬ、花も咲かぬ”という歌詞がありますが、その通りですよね」

猟ができますからね。

　ところが、むかしとはかなり変わっています。以前は趣味で楽しめたのですが、現在はとにかく銃規制がうるさくなって、狩猟ではなく自治体の要請による有害捕獲です。それなのに、捕獲にかかる費用は会員が負担しなければならないのは、おかしいですよ。会員も、若い人は1人か2人くらいは入ってくるが、その倍はやめていってしまう。

　それで以前、矢板市の観光課長に「本当のところを言っちゃ悪いけど、この負担ってどうなんだい?」って言ってきたんです。すると、ようやく担当者が「今度は矢板でも1万2000円（報奨金として）出しましょう」と言ってくれました。

将来の狩猟、誰が担う?

わたし自身、狩猟をしながらも、動物への気持ちが変わってきましてね。もともと犬は飼っているんですが、最近、猫も飼うようになって、飼い主になついてきたらふとんにもぐりこんできたりして、かわいいんだよね。それで、わなにかかったりする動物を見ると、かわいそうでしょうがないと思うようになりましたよ。タヌキがわなにかかっているときは、毛布をかぶせながら外してあげてます。シカやイノシシを撃つときは、逃げるから撃つんです。エサなんか食べているのは撃たない。どうしてもね、かわいそうだと思っちゃうんです。

狩猟をする人は減少していくのに、獲物はどんどん増えていく。じゃあ将来はどうしたらいいかって?

答えは、「自衛隊がやるしかなくなる」じゃないんでしょうかね……。

お金のことは言うな。ボランティア精神だ

建築設計業、測量業、不動産業と、多様な看板を持つ。栃木県のほか、福島県、岩手県、宮城県でも狩猟登録をして、楽しんできた。「人の二倍は仕事をしたし、遊んだ」というほどの行動力とバイタリティーの持ち主で、「きょうだ

栃木市都賀町家中在住

谷《や》田《た》貝《がい》 勝《かつ》浩《ひろ》 さん

昭和19年（1944）9月13日生まれ

建築業、不動産業などを経営。栃木県猟友会副会長（現役の役員では最年長）ならびに下都賀連合第三支部長。

令和3年（2021）8月22日取材

いの中ではおれだけが変わっていた。異端児だと言われてきた」と話す。
「撃つのが楽しい。いまでもそうです。何も考えず、無心で撃つ。その時間がいいんです」

「おお、鳥ぶち、いいな。おれもやりたい」

生まれは都賀町の思川の近く、雷電橋のあたりです。親が建築の職人だったので、高校を卒業して東京の大学に進学して、建築設計を学びました。卒業後も都内に残って仕事をしていました。白石土木などから仕事を請け負って、測量などをしていました。東京は特殊技術を生かした仕事がたくさんあるから、田舎には帰りたくなかった。

子どものころからおもちゃの鉄砲で遊んでいました。國學院栃木の先にある「福松屋」という料亭の隣りに射撃場があるんです。そこで射撃をしている人を見て、鉄砲がやりたくなりました。それで県警に行って試験を受けて、狩猟免許を取ったのが昭和47年。来年でちょうど50年目になります。

あとむかしは、背中に鉄砲をしょって、バイクでバーッと走っていく人がたくさんいたんですよ。それでスズメだの、そのへんの鳥をぶっていたんです。「おお、鳥ぶち、いいいな。おれもやりたい」と思い、鳥猟を始めました。

仕事も遊びも狩猟も全力で楽しんでいた

それから2、3年経つころに、岩手県の大船渡や大槌にいる友だちから「おもしれえんだよ。なんぼでもとれるんだから」と鳥猟に誘ってくれたので、現地に出かけたんです。

まずは山でキジとかヤマドリを撃つ。これを2、3日もやっているとくたびれてくるんで、それから船を出してもらって、海でカモを撃つの。カモがいなくなったら、釣りをしていた。むかしはそういうことをして、楽しんでいた。岩手には

15年くらい通っていたかな。

親が元気だったから、家のことを心配せずにすんだんだよね。女房も家に置いていった。年の暮れにはまずいない。それから年明けまで半月くらい家を空けて遊んでいたんだから。

仕事も忙しかった。おれには野心があったからね。不動産、建築、土木関係の資格はほとんど持っていて、おもしろそうなことはなんでもやった。ブルドーザー買って山を削って、採石までやってたんだよ。飲みに行くのも地元じゃ飲まない。東京の赤坂にある行きつけの店にわざわざ出かけていった。遊びも忙しい。狩猟もしていたし、ゴルフもしていた。本当に忙しくて夜寝るひまがないんだから。子どもの顔は、夜寝ている顔しか見たことがなかったよ。しまいには親や女房に、「そんな生活をしていたら、死ぬぞ！」とまじめに言われましたよ。

メスジカの猟は禁じられていた

このへんの人たちは、みんな鳥ぶちね。大物が始まったのは、シカが増えてから。昭

平成７年１月の猟果。日光市足尾にて。いつもの猟場で仲間と仕留めた

和59年（1984）の「はちよん（84）豪雪」のあと、足尾に入ったら、シカがあまりにもたくさん死んでいたので、びっくりした。誰かが角をのこぎりで切って持ち帰ったらしく、一様に角がなくなっていた。あのあと生き延びたシカが子どもに生き延びる方法を教えた。たとえば尾根近くには雪が少なく、掘ればドングリの実が採れる、とか。それから6～7年で、群れで出るようになったんだ。

当時は狩猟資源を守るため、メスを獲ることが禁じられていました。こうして恣意的にメスを獲らないと、将来は爆発的に増えることが予測できました。だから行政にもそのことを言ったのですが、「はい、そうですか」でおしまい。その結果増えたんです。いまはそのような規則はありませんよ。

平成8年ごろ、日光市足尾にて

自宅近辺の思川流域でイノシシが出だしたのは、10年くらい前です。その後、川沿いにメガソーラーを作ったんですが、その場所はやぶで、イノシシのすみかだったんです。イノシシはそのうち小山のほうへ行って、戻ってこなくなりました。シカが出始まったのは5～6年前。現在の思川近辺はイノシシよりもシカのほうが多く、これまでに2回、6～7頭のシカの群れを目撃しました。

わな猟のこだわり

一般の人は狩猟になじみがありません。だからときどき、厄介なことも起きます。先日、箱わなの止め刺しをしていたら、銃の発砲音を聞いた通りすがりの人が110番をして、警察の車が10台も来たという話を聞きました。

箱わなで捕獲されたイノシシ

イノシシで一番おびき寄せやすい餌は、ぬかだね。米よりも食う。ジャガイモはめったにはいらないみたいね。ぬかにはにおいがあり、それにある程度釣られるのかもしれないね。また、せっかく獲れた獲物を、ゴルフ場に遊びに来ていたゴルファーが、箱わなの檻を開けて、逃がしちゃったこともあります。一度逃げたら、その獣もう二度と同じ箱に入らないよ。

おととい、片開き式の箱わなにシカが入った。シカの場合は普通は両開きに入るんだが、片開きの回転式に初めて入ったんです。この箱わなはイノシシ用なんです。扉が鉄板でできていて視界が遮られるため、普通のシカは向こう側が見えないことをおそれて、まず入らない。だからとても驚きましたよ。

この箱わなを作ったのは都賀町の鉄工屋さんで、改良に改良を重ねて作ってくれたものです。おれたちの支部はこれを7〜8台持っています。よく獲れるんですよ。おれが一度に獲ったのは最高でイノシシの成獣が8頭です。「どうやったらこんなに入れるんだろう?」と不思議に思うくらい、檻の中にみっちり入っていました。

お金がもらえるからダメなんだ

おれたちの支部では、わなは全部、地元に頼まれて仕掛けています。

設置した場所でイノシシがかかると、「うちにもわなをかけてくれ」と言われますから、たいへんです。わなの部品などは自分で修理しながら使っています。おれが建築をやっているんで、部品に使うのにちょうどよい廃材がたくさん出るんです。

せっかく仕掛けたくくりわなを持っていかれてしまったことが、何度もありました。わながとてもいいものなので、真似して同じのを作りたいからなんですが、そういう人は人のものを平気で持っていくんですよ。しかもみんな持っていかれてしまう。獲物は持っていく、仕掛けは持っていく。最後に持っていかれたのは去年かおととしで、一度に2個も持っていかれました。1個は下の部品だけ。あと1個はまるごとです。わなは道路から見える場所に置いてありましたから、仕掛けをつけたままイノシシを引きずっていった跡まで残っていました。

なぜこのような犯罪が起きるのかというと、お金がもらえるからなんです。だからダメになってしまったんです。狩猟者に最も大切なものは､ボランティア精神です。しかし、お金がもらえるからと狩猟を始めた人には、ボランティア精神なんか始めからないと思います。

獲りたいという欲が強すぎる人もダメです。えてして一般常識を欠いた行動に走りがちです。山の中で人と出会ったらまずあいさつを交わすのが当然のマナーですが、そんなこともできずに、先に山に入っていたハンターを黙って追い越して場所を取ろうとする。おれはそういう人は嫌いです。

いまは、新しい狩猟者に対して補助金が出ます。それでも長続きせず辞めていく人は多い。それと、資格だけ取って満足する「資格マニア」もいる。これも問題だ。

むかしは駆除の要請に応えて人の役に立つことをしたとしても、お金なんかもらえなかったんだかんね。おれらは行政から野犬やクマ狩りに駆り出されたんですから。それなのに、お茶ひとつ出してもらったことがないよ。「はい、ごくろうさん」のひとことで終わりだったんだ。

新しい狩猟者が増えることはけっこうだけど、行政はいままでボランティア精神で協力してきた狩猟者のことも、これからはもっと大切にしたほうがいいと、おれは思うよ。

狩猟免許を取りたい人に言いたいこと。それは「お金のことは言うな。ボランティア精神だけを持ちなさい」です。

「ヤマドリは鳥刺しがうまいわ。ガラはスープに使う。ラーメンのだしなんか最高だね。そばのだしはキジバトがよく合う。骨を外さずに肉につけたまま、だしを取るとうまい。キジは雑食だから、刺身にはおすすめしないね。カモなんかは、むね肉を焼いたりしているね」

猟師伝コラム

猟友会裏方の裏話あれこれ

栃木県猟友会事務局長の谷澤弥《たにざわわたる》さんは、43年間の勤務生活を通して、裏方として狩猟の転換期を見つめてきた。いまだから話せる事務局ならではの裏話を話してくれた。

夜明け前にパンパン撃ち始まった

狩猟解禁日は毎年11月15日に定められていますが、当時は一大イベントでした。まずNHKをはじめとする各報道機関が取材に押しかけ、大きく報道していました。

NHKは独自のネットワークを駆使し、ハンターとコンタクトを取って現場へ出向き、

昭和40年代、県営赤麻猟区（現在の渡良瀬遊水地）でのカモ猟。ヨシ原に池沼が点在しており、関東有数のカモ猟場として人気が高かった。昭和40年代の狩猟解禁初日には3000人ものハンターが入場した（写真は「栃木県林政史」より）

取材していましたが、民放各社は違いました。事務局にやって来て「どこか撮影にいい場所はない？」と口々に尋ねてくるわけです。向こうは撮れればいいんです。そこで猟友会がサクラになってあげていました。県内の猟場に集合して、キジを放ったところを、バーンと撃つんです。こんなことを5年くらい、繰り返しやっていました。

ある年の解禁日当日、旧藤岡町（現在の栃木市藤岡）の渡良瀬遊水地に見回りに行き、ハンターたちや駆けつけた警察と一緒に、夜明けを待っているときでした。まだ日が昇っていないのに、埼玉県側のほうから、パーンという発砲音が聞こえてきたんです。じっと待っていたこちら側が「なんで撃ってるんだ！　ダメじゃないか！　まだじゃないか！」と怒りだしたのもつかの間、こんどは茨城県側やあちこちから、パンパン音が聞こえてきた。発砲音を聞いたら自分たちのはやる気持ちが抑えられず、みんなして撃ち始まっちゃったんですね。40年も50年もむかしのことですから、もう時効ですね。

「このキジはいかほど？」

こんな話も聞いたことがあります。天皇皇后両陛下が来県し、矢板市長井の県民の森で、キジのご放鳥をしていた時代のことです。ある年、昭和天皇が職員に、「このキジはいかほど？」とお尋ねになった。ご質問を受けた職員は一瞬、頭が真っ白になったといいます。「値段のことを聞かれたのか？　いや違う、このようなお方がお金のことを聞くはずはない」と考えた職員は、苦しまぎれにキジの年齢を答えると、あの有名な、「あっそ」というお返事をして、会話は終わったそうです（笑い）。

平成天皇と皇后の両陛下がお越しいただいた際、黒田清子さんが一緒にいらっしゃったことがあったんですが、職員が誤ってご本人のバッグを踏んでしまった。あわててお詫びしたところ、「別に大丈夫ですよ」と言っていただき、事なきを得ましたが、その場にいた当時の課長が「世が世ならおまえは打ち首だ！」と冗談半分で叱責したそうです。

谷澤弥・栃木県猟友会事務局長。「43年間の勤務人生を振り返って思うことは、おもしろい職場だなあということです。ハンターは個性的でおもしろい人が多い。生活のためなどではなく、趣味でやっているから、気持ちのよい交流ができたんですよね」

解説　鳥獣関係統計にみるとちぎの狩猟

丸山 哲也

全国の都道府県では、毎年、鳥獣関係統計という統計資料を整理している。それをみると、狩猟者の数や捕獲した鳥獣の数などを追うことができる。そこで、栃木県自然環境課に保管されている昭和31年度以降の鳥獣関係統計をグラフ化し、その傾向を探った。

昭和50年代は銃猟の最盛期

昭和30年代は延べ4000人(複数の免許所持者もいる)ほどの狩猟免許所持者がいたが、7割以上を占めていたのは装薬銃の第一種銃猟免許(当時は乙種免許)であった(図1)。その後、おもに銃猟者の増加に伴い、昭和50年代に向けて狩猟者数は急増、ピークに達した昭和56年には14387人、このうち第一種銃猟免許が9割以上を占めるまでになった。本書にご登場いただいた皆さんも、昭和40年代前後に狩猟免許を取得した人が多く、趣味としての狩猟、特に銃猟が大きなブームとなっていた時代といえる。

昭和54年、それまで講習会の修了のみで得られた狩猟の資格が、新たに3年間有効の狩猟免許として制度化され、前年の登録者には自動的に狩猟免許が与えられた。その最初の更新年が昭和57年であり、銃猟者の減少と相まって狩猟者数が大きく減少した年となった。その後3年ごとに減少を続け、平成10年ごろには昭和30年代のレベルまで減ってしまった。銃猟者の減少には、趣味の多様化、猟場の減少、銃規制の強化などが原因として考えられている。

その一方、平成10年ごろから網わな猟免許が少しずつ増加している。平成19年に網猟免許とわな猟免許に分離されたが、わな猟免許はその後も増加を続け、現在は狩猟者のほぼ半数がわな猟免許となっている。また、この数年は、わな猟免許の増加に伴い狩猟者全体の数も増加に転じている。県が行ったアンケート調査によれば、近年は趣味としてではなく、被害対策を目的として、わな猟免許を取得する人が増えていることが判明している。

高齢化のなかに若返りのきざしも

狩猟免許所持者を年齢別にみると、銃猟がブームとなっていた昭和50年代に向けて30年代、40年代の狩猟者が一気に増えた（図2）。その後は50歳以上が急増し、平成20年代には8割以上

図1 狩猟免許所持者数

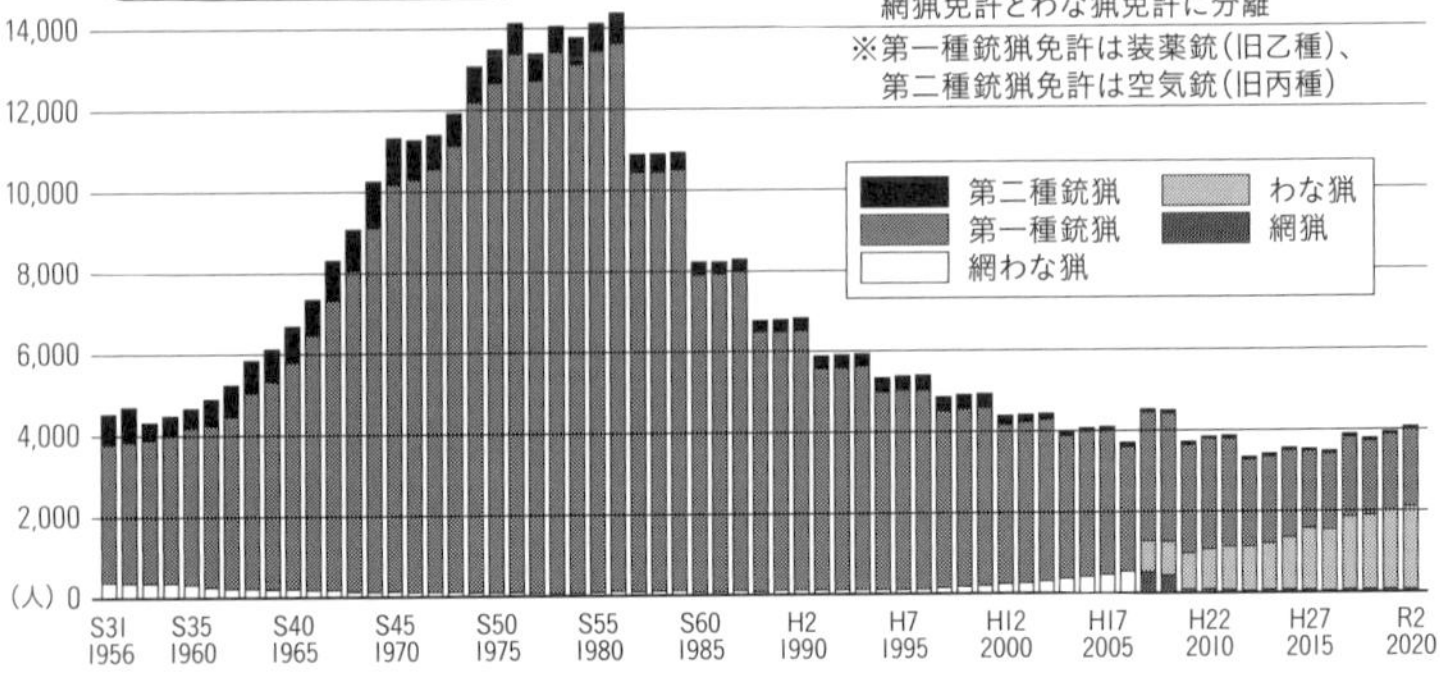

図2 狩猟免許所持者の年齢構成割合

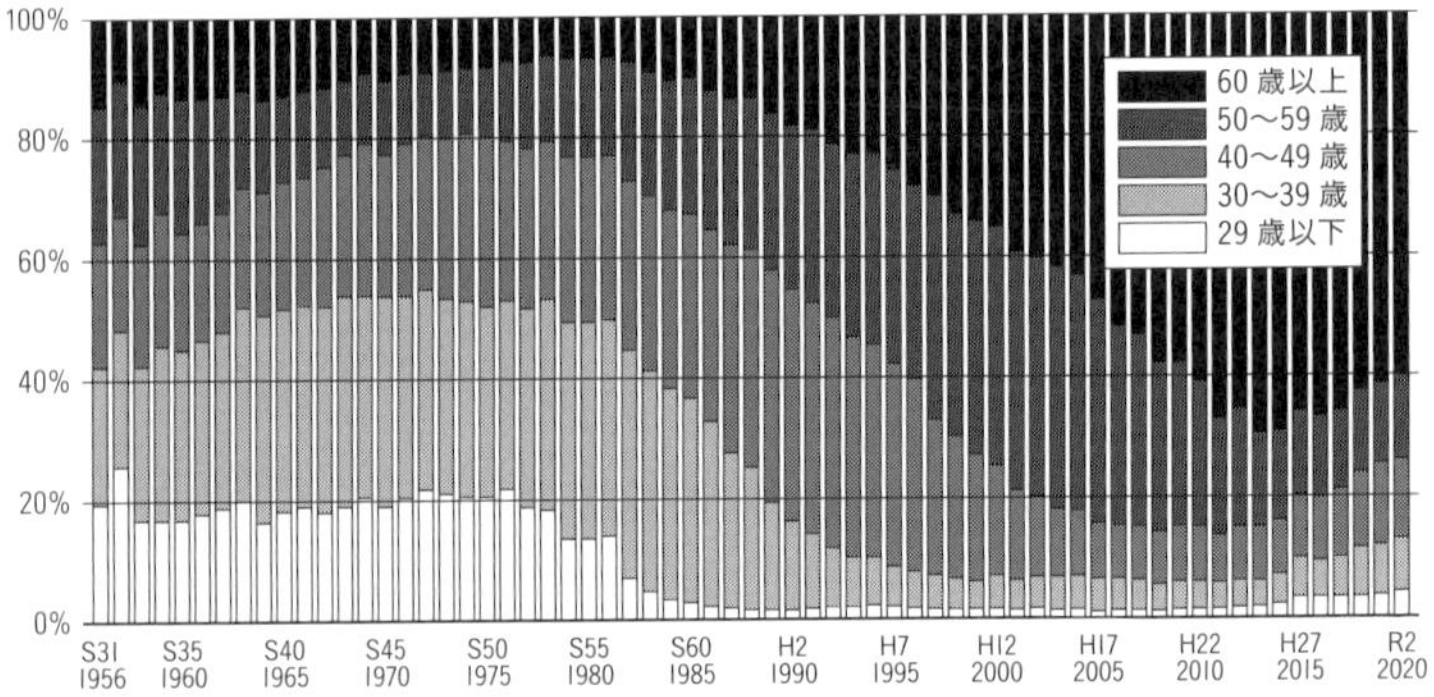

図3 狩猟免許試験合格者数

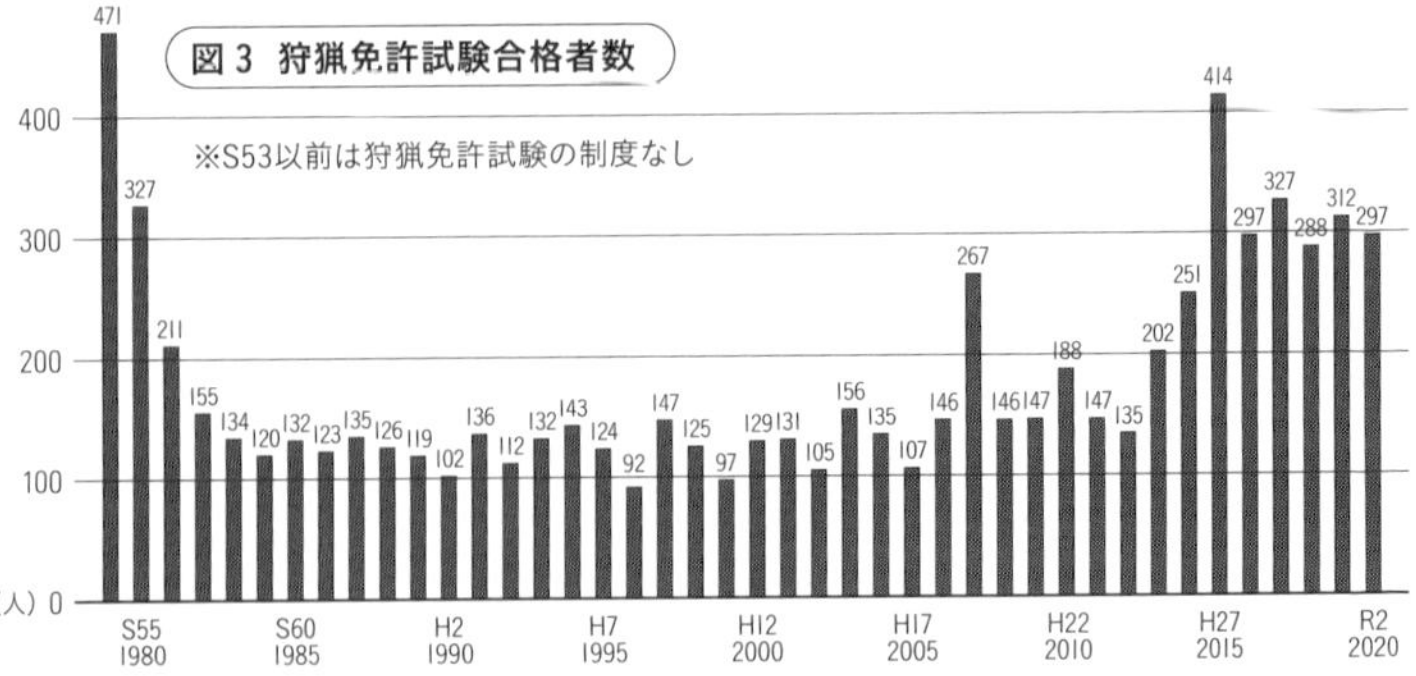

を占めるようになった。

　そこで、狩猟者の高齢化に危機を抱いた国や県が、狩猟のイメージアップや免許取得促進に向け、イベントや試験回数の増加など、各種対策を開始した。その結果、ここ10年ほどは新規に狩猟免許を取得する人が増え（図3）、若返りの傾向がみられる。

キジやヤマドリの捕獲が減少

　銃猟者が急増していた昭和40年代は、ヤマドリやキジの捕獲が多い時期であった（図4）。ヤマドリは年間2万羽前後、キジは1万羽前後も捕獲されており、主要な狩猟資源となっていた。カモ類は種別の統計が昭和50年以降しか存在しないが、カルガモが1万羽前後、マガモが3千羽前後も捕獲されていた。

　狩猟者がピークを迎えた昭和50年代にヤマドリの捕獲数は急減し、キジよりも少なくなった。その後昭和60年代以降は、キジ、ヤマドリとも年々減少している。鳥猟を目的とする銃猟者の減少に加え、生息数そのものも減少している可能性がある。令和2年度現在、キジ975羽、ヤマドリ276羽、カルガモ810羽、マガモ314羽といずれも千羽以下になっている。

　シカとイノシシについては、狩猟と有害捕獲それぞれ捕獲数を示した（図5）。昭和30年代、

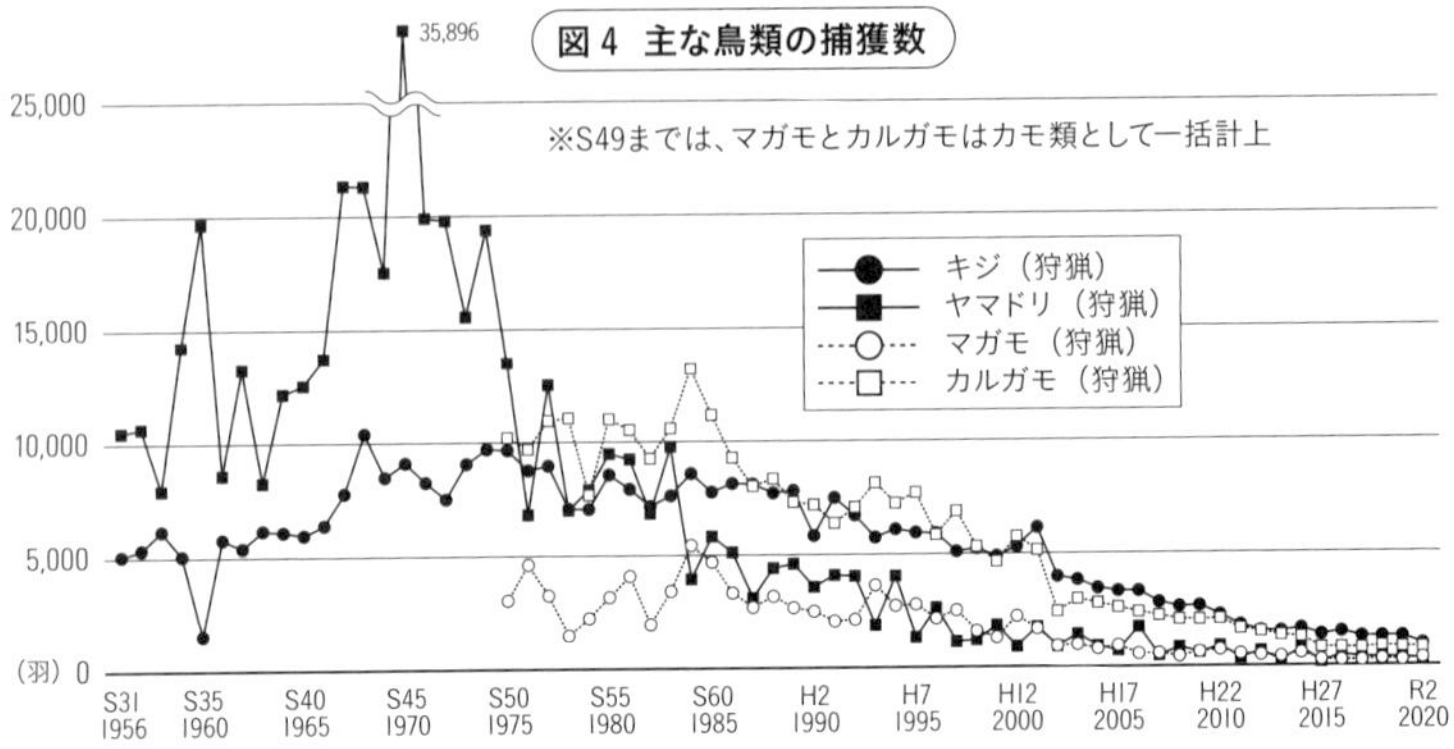
図4 主な鳥類の捕獲数
35,896
25,000
20,000
15,000
10,000
5,000
(羽) 0
※S49までは、マガモとカルガモはカモ類として一括計上
キジ（狩猟）
ヤマドリ（狩猟）
マガモ（狩猟）
カルガモ（狩猟）
S31 1956
S35 1960
S40 1965
S45 1970
S50 1975
S55 1980
S60 1985
H2 1990
H7 1995
H12 2000
H17 2005
H22 2010
H27 2015
R2 2020

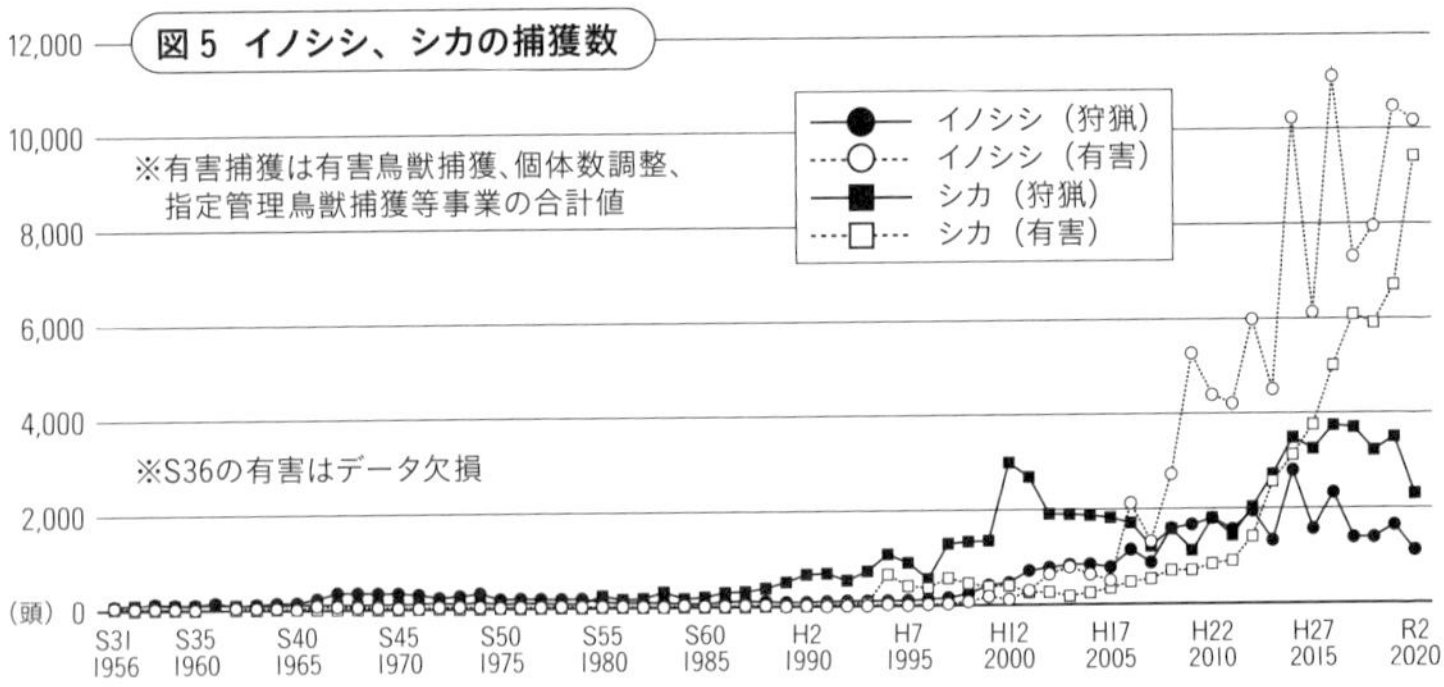
図5 イノシシ、シカの捕獲数
12,000
10,000
8,000
6,000
4,000
2,000
(頭) 0
※有害捕獲は有害鳥獣捕獲、個体数調整、
指定管理鳥獣捕獲等事業の合計値
※S36の有害はデータ欠損
イノシシ（狩猟）
イノシシ（有害）
シカ（狩猟）
シカ（有害）
S31 1956
S35 1960
S40 1965
S45 1970
S50 1975
S55 1980
S60 1985
H2 1990
H7 1995
H12 2000
H17 2005
H22 2010
H27 2015
R2 2020

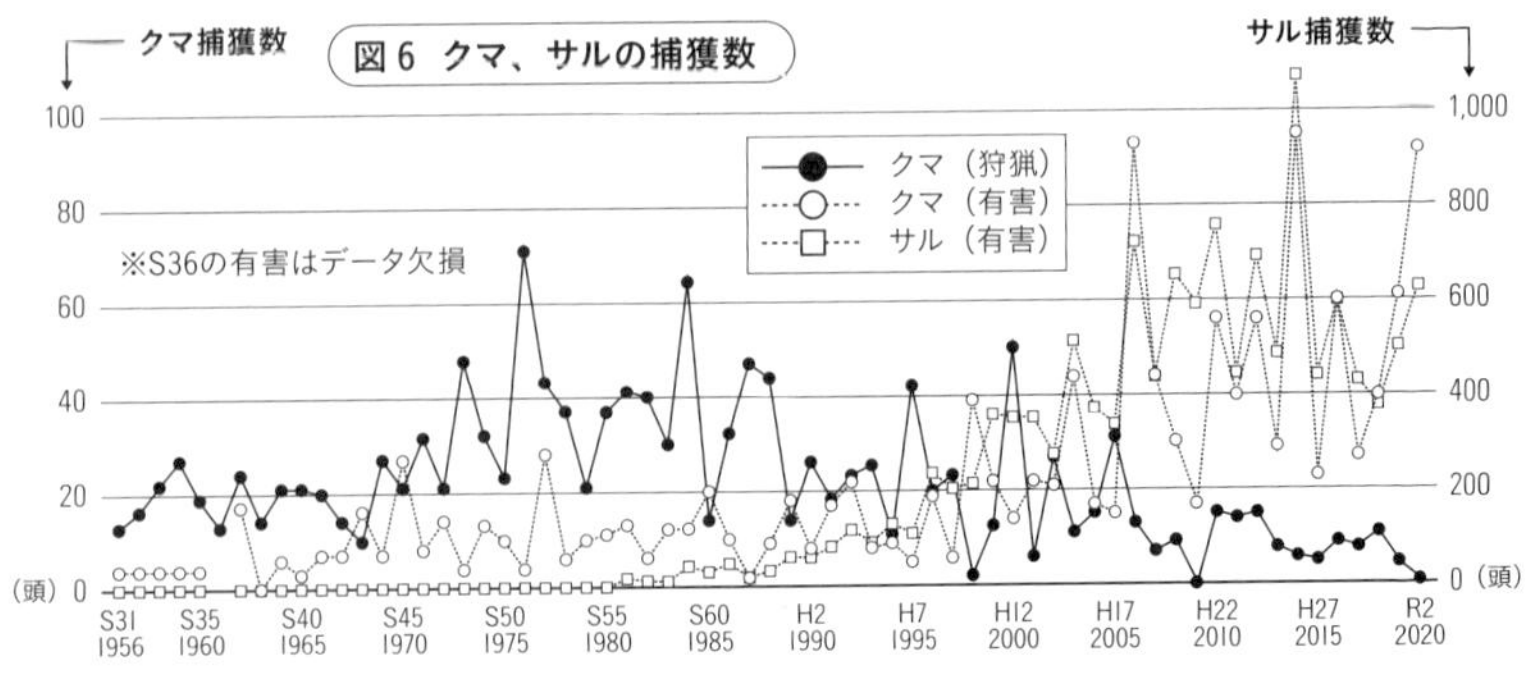
クマ捕獲数
図6 クマ、サルの捕獲数
サル捕獲数
100
80
60
40
20
(頭) 0
1,000
800
600
400
200
0 (頭)
※S36の有害はデータ欠損
クマ（狩猟）
クマ（有害）
サル（有害）
S31 1956
S35 1960
S40 1965
S45 1970
S50 1975
S55 1980
S60 1985
H2 1990
H7 1995
H12 2000
H17 2005
H22 2010
H27 2015
R2 2020

狩猟ではいずれも100頭前後の捕獲数で、これは狩猟免許所持者約4000名に対する捕獲数であり、1人あたりの捕獲数は非常に少ない時代であった。本書にあるとおり、1頭の捕獲がとても貴重であった時代である。有害捕獲についてはイノシシが数十頭で、シカの捕獲はなかった。

ところで、昭和40年当時の有害捕獲の状況は現在とかなり異なり、鳥類ではスズメが6万羽余りで最も多く、そのほかはカラス（ハシブトガラス、ハシボソガラスの合計で記載）、キジバト、コジュケイ、キジがそれぞれ500～800羽程度であった。獣類ではノウサギが最も多く600頭余り、次いでノイヌ（野犬）が約100頭、イノシシが10頭程度、キツネとクマが数頭であった。鳥獣関係統計にはどんな被害が発生していたのかといった記載はないが、スズメは稲作への被害、ノウサギは造林地での苗木の被害であろうか。ノイヌが多かったのは、現在のように犬の係留義務が発生していなかったことによると思われる。時代が変わって令和2年現在の捕獲数は、スズメ65羽、ノウサギ、ノイヌはいずれも0頭である。

シカやイノシシの捕獲が増加

昭和の時代はシカやイノシシの捕獲数が少ない状況であったが、平成に入る1990年代より、狩猟によるシカの捕獲が500頭以上に増えてきた（図5）。その傾向は、最後の豪雪といわれる昭和59年晩冬期にシカの大量死が発生し、その後の暖冬で個体数が増えてきた時期と一致する。シカの有害捕獲は、昭和56年に初めて1頭が記録されたあと、平成に入ってから数十頭、数百頭と急増した。

その一方で、イノシシの捕獲が増えてきたのは平成10年以降である。これまでイノシシは、県東部の八溝地域のみに生息していたが、新たに県南西部に生息を確認、その後県西部一帯に分布を拡大していった時期と一致する。平成20年代以降、両種の分布拡大や被害の増加に伴い、有害捕獲数が急増。現在は年間1万頭近く捕獲されるようになっている。

クマやサルも

ツキノワグマ（以下、クマ）は、以前から狩猟資源として年間数十頭捕獲されていたが、有害捕獲としては0から10頭前後で多くはなかった（図6）。平成10年代に入ると狩猟と有害捕獲が逆転し、近年は狩猟で数頭から10頭程度であるのに対し、有害捕獲は年変動があるものの、70～80頭から100頭近くまで捕獲される年も出現している。

サルは狩猟獣ではないため、有害捕獲のみ示した（図6）。以前は山奥に生息する貴重な動物と考えられており、県が指定する自然環境保全地域においては保護対象として記載されていた時代もあった。初めて有害捕獲されたのは昭和46年の1頭であり、その後は0から数頭であったが、人里への出没が増えてきた昭和56年以降に増加を始め、平成20年代以降は600頭前後で推移している。

大型獣はいずれも、平成20年代以降の有害捕獲数の増加が顕著である。それは、近年増加してきた鳥獣被害への対策として、市町の要請に応じたものにほかならない。有害捕獲の許可期間は種により異なるが、シカやイノシシは通常1年を通じて捕獲が行われている。統計上の捕獲数を得るためには、例えばわなであれば設置、見回り、捕獲個体の止め刺しと処理まで、狩猟者の多くの労力のもとに成り立っている。

ここでみえてくるのは、狩猟者の役割の変化である。昭和の時代に鳥類を捕獲していたのも、近年農家などの要請により有害捕獲に従事しているのも、同じ狩猟者である。趣味としての狩猟だけでなく、被害対策という社会のニーズに応えるものとして、狩猟の役割が変化しているといえよう。

（資料提供：栃木県環境森林部自然環境課）

狩猟に関する用語集

◇**狩猟免許**／狩猟を行うために必要な免許で、使用できる猟具の種類に応じて網猟免許、わな猟免許、第一種銃猟免許、第二種銃猟免許の4種類がある。狩猟免許を取得するためには、都道府県が実施する試験に合格する必要がある。有効期間は3年。

◇**網猟免許**／狩猟免許のひとつで、網を使った猟ができる免許。

◇**わな猟免許**／狩猟免許のひとつで、わなを使った猟ができる免許。

◇**第一種銃猟免許**／狩猟免許のひとつで、装薬銃（ライフル銃・散弾銃）、空気銃を使った猟ができる免許。銃の所持には、別に銃砲所持許可が必要。

◇**第二種銃猟免許**／狩猟免許のひとつで、空気銃を使った猟ができる免許。

◇**狩猟者登録**／狩猟したい場所の都道府県に対して年度ごとに行う登録。狩猟をするためには、狩猟免許を有し、狩猟者登録を行う必要がある。

◇**狩猟鳥獣**／狩猟により捕獲することができる鳥獣。鳥類28種（キジ、ヤマドリ、マガモ、カルガモなど）、獣類20種（シカ、イノシシ、タヌキなど）が定められている。

◇**狩猟期間**／狩猟ができる期間で、都道府県により異なる。栃木県は11月15日から2月15日までで、シカやイノシシについては一部の地域で11月1日〜11月14日（わな猟のみ）、2月16日〜3月15日の期間に延長している。

◇**有害鳥獣捕獲**／農作物等に被害を及ぼしている鳥獣（狩猟鳥獣以外のものも含む）を捕獲するために、許可を得て実施する捕獲。許可を得れば狩猟期間外に実施することも可能。栃木県は捕獲許可権限を市町に委譲している。

◇**銃砲所持許可**／銃器を所持するために、都道府県の警察署から受ける許可。講習会（考査試験あり）と射撃教習または技能検定を受けた上で申請する（空気銃は射撃教習等は不要）。ライフル銃を所持するためには、散弾銃を10年以上所持した経験が必要。

◇**ライフル銃**／銃身内部に弾を回転させるためのらせん状の溝（ライフリング）が切られている銃。これにより、数百メートル先の獲物を狙うことができる。一般に、大型獣の捕獲に使用する。

◇**散弾銃**／粒状の散弾や単体の弾丸（スラッグ弾）を発射できる銃。有効射程は50〜100メートル程度。一般に、散弾では鳥類や小型獣を、スラッグ弾では大型獣を捕獲する。

◇**空気銃**／空気や炭酸ガスの圧力を利用して弾丸を発射する銃。一般に、鳥類の捕獲に使用する。

◇**村田銃**／明治13年に日本軍で採用された小銃で、ライフル銃の一種。開発者村田経芳の名に因む。旧

ライフル銃

散弾銃

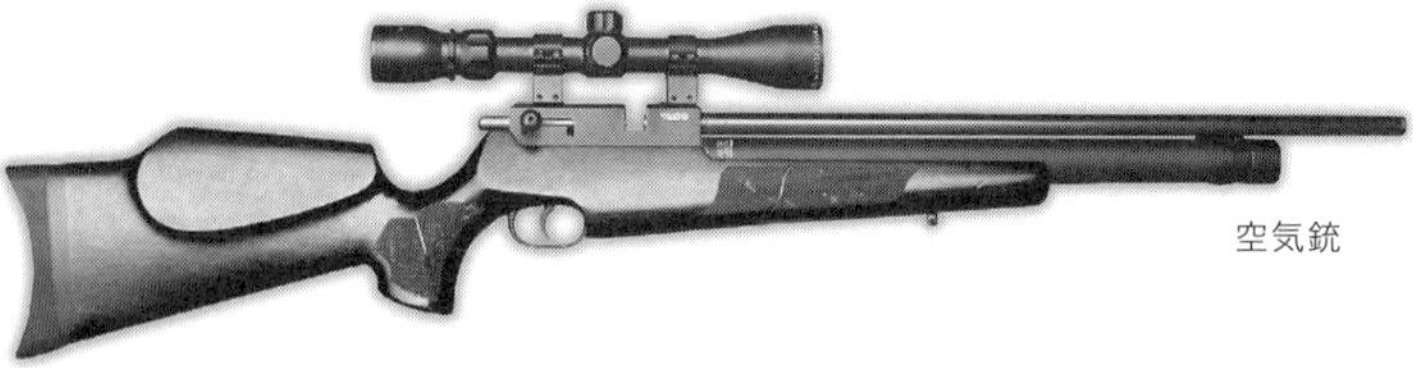

空気銃

各種装弾。左がライフル銃。上部のドングリ状の部分が発射される弾で、下の部分は火薬が入る薬莢。中央が散弾銃。上部に粒状の散弾が入っており、下半分には火薬が入る（写真は狩猟免許試験に使う模擬弾）。右の小さい弾が空気銃

式化した村田銃の一部は、散弾銃に改造されて民間に払い下げられたほか、村田銃のパテントを得た民間銃器メーカーが村田式散弾銃として販売していたことから、戦後に至るまで広く狩猟に使われた。

◇**三八式歩兵銃**／明治38年に日本軍で採用された小銃で、ライフル銃の一種。太平洋戦争まで主力の小銃として使用されたが、戦後の武装解除により接収されたため、狩猟に使われることはほぼなかった。

◇**巻き狩り**／シカやイノシシなど大型獣を銃により捕獲する手法の一つで、グループで行う。山中に配置した射手（タツ、タツマなどという）に向けて、追い出し役（セコという）が獲物を追い立てることにより捕獲する。セコは猟犬を使う場合もある。

◇**忍び猟**／鳥類や獣類を銃により捕獲する手法の一つで、1〜数名で行う。獲物の足跡や痕跡、鳴き声などを静かにたどり、あるいは通り道に身を潜めるなどして捕獲する。

◇**コール猟**／秋の繁殖期にオスジカを銃により捕獲する手法で、1〜数名で行う。オスが繁殖期に発する声をまねた笛（オス笛）を吹き、他のオスを追い出そうと近づいてくるオスジカを捕獲する。メスジカの声をまねた笛（メス笛）によってオスジカを呼び寄せることもある。

◇**流し猟**／鳥類や獣類を銃により捕獲する手法の一つで、1〜数名で行う。車両で道路を走りながら獲物を発見し、捕獲する。道路からの発砲は禁止されているため、道路脇に出て発砲する必要がある。

◇**くくりわな**／獣道など獲物が通る場所に隠して設置し、バネ等の力を利用して獣の足をワイヤーでくくることによって捕獲するわな。

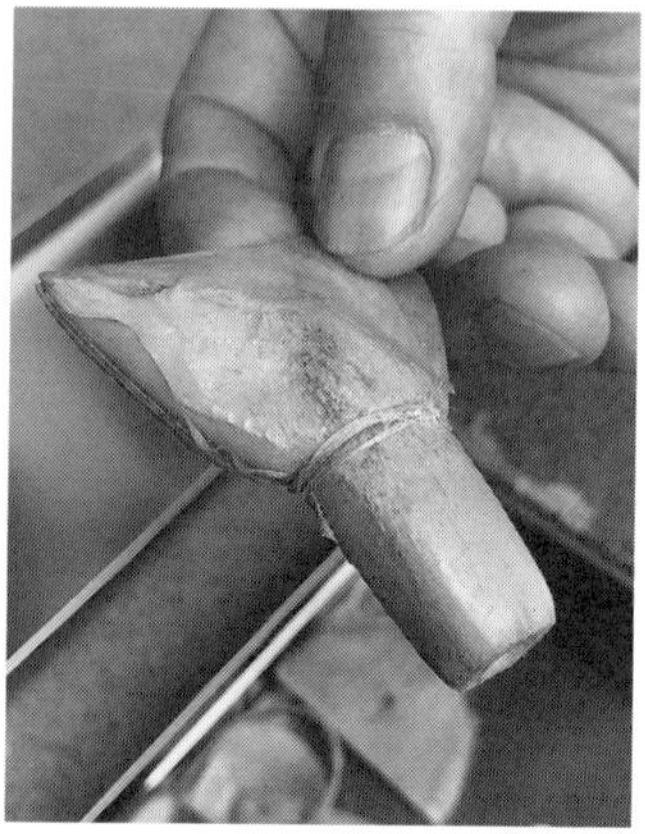

メス笛。シカの胎児の皮で自作

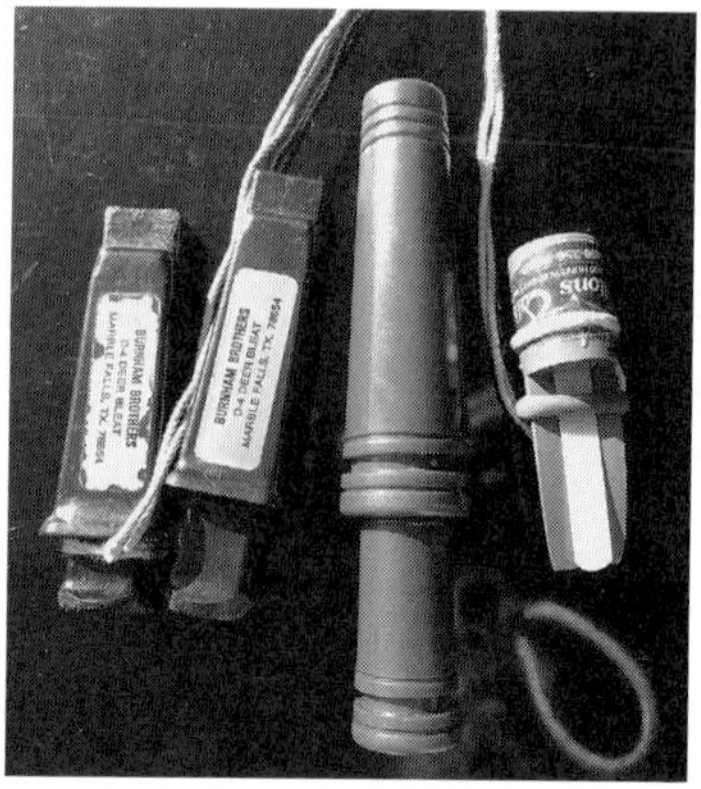

オス笛。いずれも市販品。シカに似せて吹くには練習が必要

くくりわな。バネの種類や踏み込む部分の形状には様々なタイプがある。写真はいずれも市販品であるが、部品だけを購入して自作する人も多い。獣に見つからないよう地中に隠し、「だまして捕る」わな

◇**箱わな**／檻型のわなで、餌で誘引し、獣が仕掛けに触れると扉が閉まることにより捕獲するわな。

◇**囲いわな**／柵等の囲いの中に餌で誘引し、獣が仕掛けに触れると扉が閉まることにより捕獲するわな。仕組みは箱わなに似ているが、天井部分がない。

◇**止め刺し**／わなで捕獲された獲物にとどめを刺すこと。

箱わな。扉を閉める仕掛けには、獣の足を糸(蹴り糸)にひっかけるものや、踏み板や回転バーを使うもの（中田式とスナガ式の項参照）など、様々なものがある。中に入れた餌の魅力により、わなに対する警戒心を徐々に解いていき、最終的に「妥協させて」捕るわな

囲いわな。写真はICTを使ったもので、監視カメラと侵入検知センサー、遠隔捕獲装置がついている

県東部の八溝地域において昭和40年代まで使われていた囲いわな。丸太を柵状に組み、内部にサツマイモなど栽培し、イノシシを誘引して捕獲していた。写真は昭和44年、旧黒羽町での有害鳥獣捕獲の様子をテレビ取材されたもの（「栃木県猟友会創立50周年記念誌」より）

あとがき

丸山 美和

5年前の春先のことだ。年度末はいつも、請け負っている本や取材原稿作成など、仕事の追い込みで忙しく、このときも昼夜問わず働いていた。

一連の作業の収束が見えてきていたころ、なんとなく後方から視線を感じていた。振り向くと、なにか言いたそうにしている男がいた。わたしのパートナーである。

「めしかい。見ればわかるでしょう、仕事してんのが。わかったよ、行くよ、買い物に」

「あのさあ、聞いてくれる?」

「なに」

「猟師伝をやりたいんだけど」

「それなんの仕事?」

「いや仕事じゃなくて、おれが個人的にやりたいんだけど。むかしの狩猟を知っている人がどんどんいなくなっちゃう。いまその人たちの話を聞いておかないと、だれもいなくなっちゃうから、聞き書きをお願いしたいんだけど」

「いいよ」

「随想舎に話をしといてくれる?」

「わかった」

こうして、下野猟師伝は始まった。


お互い、仕事の合間を見つけての作業である。インタビューは週末と限られていたが、かれは平日だけではなく週末の仕事も多く、わたしも過労がたたって寝込む日が続き、まとまった時間を作ることができず、取材はなかなか進まなかった。

平成30年秋、こんどはわたしの人生にもろもろの事情ができて、留学することになった。行き先はポーランドのクラクフ市。「猟師伝をやらなければ」が連絡時の合言葉となったが、作業はさらに滞った。令和元年は日本に20日間しか滞在しなかった。

令和2年夏、新型コロナウイルスが世界を席巻しているなか、一時帰国して取材を再開したが、一冊の本にまとめるには至らぬまま、やむなく日本を去り、学業に戻った。せっかく現地に戻ったが、欧州は新型コロナの感染者数が激増し、長いロックダウンに入った。スーパーとコンビニ、ドラッグストア、病院を除くほとんどすべての商業施設が閉まり、家に閉じこもりきりの難しい生活が強いられた。

そんなとき、一本のSMSが飛び込んできた。平成29年春に取材した須藤一さんが亡くなっていたという知らせだった。物腰が柔らかく、飄々とした語り口が印象に残っていた。その前には平成28年に取材した大森基安さんも亡くなっていた。あらためて月日の経過を思い知った。人生の操縦はとても困難で、理想通りにものごとが進まない。とはいえ、須藤さんと大森さん、そしてこれまで取材にご協力いただいたみなさんに対して、申し訳なさでいっぱいになった。必ず仕上げなければならないと決意して、令和3年7月に宇都宮へ戻った。5年の歳月が流れていた。

追加取材の合間に5人の新規インタビューをおこない、各章の間にコラムを差し込んだ。取材した人数は合計で20人を超え、写真も多くお借りすることができた。

長らくお待たせしてしまったにもかかわらず、みなさんからは温かい声をかけていただき、感謝の言葉もない。

真の自然の姿を知らぬ人は、狩猟者についてなんらかの誤解を持っているかもしれない。しかし取材を進めるうちに、狩猟者ほど自然を愛する人はいないと思うようになった。また、銃を扱うと聞いただけで、なにか恐ろしい印象を持つかもしれない。しかし、取材に応じてくださったみなさんはおしなべて物腰が穏やかで懐が深く、紳士的だった。

そしてなによりも全員から強く感じたものは、並々ならぬ芯の太さと重さ、つまり「胆力」だ。おそらく長年、狩猟を通して厳しい自然環境に身を置き、野生動物に対峙しながら培ったものだと思う。

本書は大きく6つのカテゴリーを作り、それぞれの章とした。前半はより古い時代の狩猟を知る人々、後半では行政による被害対策に協力する人々を紹介し、狩猟を取り巻く社会環境の変遷が明確になるように構成した。

話していただいた内容は、できるだけ生かした。人によっては生い立ちも含まれており、時代背景が見える。本書は猟師たちへの聞き書きであると同時に、昭和の戦中戦後から平成、令和という、激動の時代を生きた人々の記録でもある。

一般社団法人栃木県猟友会事務局長の谷澤弥さんには、取材全般の便宜を図っていただいた。

栃木県立博物館学芸部長補佐兼人文課長の篠﨑茂雄さんには、「発刊によせて」を快くお引き受けいただいた。また篠﨑さんには、小松恵一さんのページに掲載した山神祭と恵比寿大黒舞の写真をそれぞれご提供いただいた。

また、狩猟ライターの小堀大助さんには、すばらしい写真を提供していただき、グラビアページならびに用語集で使わせていただいた。

コラム「鉄砲売渡証」の翻刻は、篠﨑さんのお計らいにより、さくら市ミュージアムの木村真理子さんにご協力いただいた。

本書の企画をご快諾いただいたうえ、出稿を辛抱強くお待ちいただき、出版の労をとってくださった随想舎の卯木伸男社長に、心からのお礼を申し上げる。

最後に、家庭内の労働力を巧みに搾取した冒頭の男だが、かれの発案がなければ、門外漢で素人のわたしは、狩猟の世界を知ることなく生涯を終えただろう。消えゆく地方の文化を、書くことで後世に残したいと願ってきた。狭い俗世間で生きているわたしに、その機会を与えてくれたことを心から感謝をしている。校正や事実確認などの、地道なこまごまとした作業もすべて手伝ってくれた。ありがとう。

令和3年秋の朝、クラクフ市ラコヴィツカ通りのアパートにて、窓の外に広がる青空を見上げながら

［著　者］　丸山美和　Maruyama Miwa

［略　歴］　ルポライター。栃木県立日光自然博物館勤務、㈱出版文化協会勤務を経て、2003年に独立。地域情報紙編集長、学会雑誌編集委員、地元新聞社刊の雑誌や書籍の編集、取材などを手掛ける。最近では連載企画「花と音楽と歴史の国ポーランド Witamy w Polsce!」「欧州ぶらり旅」（とちぎ朝日　2019年〜2020年）、インタビュー記事「女性指揮者はエキゾティックという個体ではない」（月刊クラクフ　2021年9月号）など。2018年秋からポーランドに留学中（国立ヤギェウォ大学言語学部ポーランド学科外国人コースを経て、国立教皇ヨハネ・パウロ二世大学大学院修士課程、ジャーナリズムと社会コミュニケーション専攻）、クラクフ市在住。

［参考文献］　「栃木県林政史」（栃木県　1997年）
「創立50周年記念誌」（㈳栃木県猟友会　1997年）
「けもの道」2014年10月号（㈱AEGけもの道編集部　2014年）
「栃木県ツキノワグマ管理計画モニタリング結果報告書」（栃木県　2020年）
「川俣湖二十年のあゆみ　川俣ダム完成二十周年記念・ふるさとの想い出アルバム」（建設省鬼怒川ダム総合管理事務所川俣ダム管理事務所　1987年）
「日光山地の狩猟習俗」（栃木県立博物館　1992年）

［参考資料］　栃木県鳥獣関係統計

下野猟師伝　聞き書き　猟師たちの物語

2021年11月15日　第1刷発行

［著　者］　丸山美和

［編集協力］　一般社団法人 栃木県猟友会

［写真協力］　篠﨑 茂雄（栃木県立博物館）
小堀 大助（狩猟ライター）
栃木県猟友会会員のみなさん
ほか

［鉄砲売渡証 翻刻］　木村 真理子（さくら市ミュージアム）

［企　画］　丸山 哲也（栃木県自然環境課）

［発　行］　有限会社 随想舎
〒320-0033
栃木県宇都宮市本町10-3 TSビル
TEL 028-616-6605
FAX 028-616-6607
振替　00360-0-36984
URL　http://www.zuisousha.co.jp/
E-Mail　info@zuisousha.co.jp

［装　丁］　塚原 英雄　［印　刷］　モリモト印刷株式会社

定価はカバーに表示してあります／乱丁・落丁はお取りかえいたします

ISBN978-4-88748-396-5